ひょいっと
源流釣り
丸山 剛
つり人社

●源流釣り

河川によってはヤマメ（上）や
アマゴ（下）釣りも楽しめる

源流釣りの代表的な対象魚、イワナ

滝のポイントは自然に胸が高鳴る

緑の回廊のような
渓で毛バリを振る

ひょいっと釣っ
ちゃいました

テンカラ毛バリは釣る楽しみと、作る楽しさ
もある

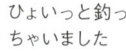

遡行

滝を直登する。一歩一歩を慎重かつ大胆に

スクラム徒渉で流れを渡る

これがラッコ泳ぎだ

幕場

今日一日に、乾杯！

渓の暗闇と焚火は人をどこまでも穏やかな気持ちにさせてくれる

木漏れ日がタープ越しにやさしく降り注ぐ、極上のお昼寝時

源流のイワナ

かつては幻の魚と称されることもあったイワナ。それは、一般の人が行けないような山奥にも生息していることから呼ばれたのであろう。

日本で一番高いイワナの生息域は黒部川源流で、標高は２６００ｍを越える。また、イワナは時には峠を越えて隣の沢に移動したという逸話もある。居着きのイワナは釣りあげても横にならず、胸ビレで立つ。そんな格好で、いざとなれば水がなくても移動することができるようだ。実際にイワナはほとんど水がない水溜まりにもいることがある。

朝日連峰三面川のイワナは、なぜか真夏になると日中の流れに姿を見ないことがある。一説によれば、沢の流れの下には地下水の流れがあり、水が温むとその中に入ってしまうといわれている。

源流のイワナはまだまだ解明されていない部分が多い。その謎が魅力となって釣り人を誘う。源流に行けば、不思議な生命力に満ちた彼らに出会うことができる。

毛バリをくわえたイワナ。野性の引きは強烈そのもの

ひよいっと

源流釣り

目次

4章 源流釣り

エサ釣り編

テンカラ釣り編

付録

BOOKデザイン 佐藤安弘（イグアナ・グラフィックデザイン）
イラスト 廣田雅之

荷物と夢を背負って源流釣りの旅に出よう

源流、それは自分の足で辿り着く楽園

日本列島は北から南まで山脈が通っている。それは数え切れないほどの渓を伴い、源流部にはイワナやヤマメ、アマゴなどの渓魚が生息している。そう考えると、北の果てから南の果てまで、日本には源流の釣り場はいくらでも存在するのだ。

その昔、渓流釣りといえば、集落付近から山に向かっての日帰り釣行というのが一般的だったと思う。その後、さらなる深山幽谷に魅せられた先人たちによって、山釣りというジャンルが浸透していく。山釣りとは本来、渓魚を生活の糧とする職漁師の領域だった。それを、彼らの釣技や生活観に憧れた人々が少しずつ山釣りの世界を紹介し、広めていったのである。

山釣りはやがて沢登りという山登りのジャンルと融合し、源流釣りという世界が確立した。源流釣りの定義とは、狭義には人里から遠く離れた人工物のない山の中での渓流釣りだ。また、基本的に渓泊まりを前提とするので遡行技術や宿泊の装備も必要になる。同時にさまざまなリスクも背負うことになるのだが、長いアプローチを伴う目的地までの行き来も含めて、大自然の中で釣りや生活を束の間楽しむことの全体が源流釣りの世界なのだ。

そんなわけで、「源流釣り」と銘打った本書ではあるが、釣りの章は後半に設定されている。源流未体験の方は、楽園に辿り着くためのパスポートだと思ってそれまでの章を読み込んでほしい。そうすることで、技術や情報が広く公開され共有できる今、源流釣りは、決して一部の人しか楽しめない特殊な遊びではないことも分かっていただけるだろう。そして、普段の環境から離れて、またいつもとは少々異なる釣りのスタイルで自然の中にどっぷり浸かることで、人は本来自然の法則に縛られていることを感じられる。それゆえに自然のパワーや恵みの尊さも知るのである。

源流釣りの魅力は、なんといっても自分の足でしか行けないところにある。たとえば江戸時代、庶民は徒歩で旅をしていた。江戸から箱根に湯遊びに行くにしても2日がかり以上だったはずだ。しかし、そのかかった旅の時間は、箱根の湯のありがたみを一段と増してくれたと思う。

これを釣りに当てはめてみよう。一般的な渓流釣りでは、車に荷物を積んで現地へ行き、釣りをして帰ってくればよいので、釣りだけに集中できる。一方、源流釣りでは目的地（幕場）がはっきりしてい

源流釣りは、大自然のロマンを味わう釣りでもある。探りきれそうにないこの広い淵にはどんな大ものが潜んでいるのだろう

る場合が多いのだが、釣りにのめり込んでしまうとそこまでたどり着けないという事態に陥る。そうならないためには、涙を呑んで目の前のポイントを素通りすることも多々ある。それだけに、目的地に到着してサオをだした時の喜びはひとしおである。そして誰もが山奥に棲むイワナやヤマメに対して、自然に畏敬の念を抱くようになる。

源流に泊まるという行為は、普段なら簡単に手に入るもの一切合財を自分で担いでいかなければならないことを意味する。快適さを求めれば荷物は重くなる。荷物を軽くしようと思えば工夫を凝らす。気がつくとそんなことが面白くなっている。100円ショップやスーパー、ホームセンターの陳列棚が宝庫に思えてきたら、源流釣りの虜になっている証拠である。

失敗を明日の糧に

源流釣りに通い始めの頃は、体力や技術がまだ覚束なく、へばったり、コケたり、ちょっとしたヘツリで落ちたりする失敗にも見舞われるだろう。食事や幕場の設営などでも、予想もつかないハプニングが起きたりする。しかしすべての失敗は明日につながる貴重な経験だ。

巨大な雪渓の山を越える。次々に現われる光景といかに向き合うかも源流遡行の醍醐味

釣りの失敗に関しては、石につまずいて手をついた時にサオを折ったり、魚を掛けたのはいいが自分も泳いでいた、なんてこともある。その程度なら後で笑い話になるが、ついた手が折れたとか、魚とのやり取りに夢中で流れに飲み込まれたなどの事故を起こすと後々まで心に残ってしまう。体力は普段の生活で鍛えておけばなんとかなるが、遡行技術だけは知識の上に経験が必須だ。

読者の方には、まず本書で源流釣りの基本的な知識を得て、次にフィールドで体験を重ねて少しずつ源流釣りの世界に触れ、その魅力を引き出せるようになってほしい。本書がそのための一歩を踏み出すステップとなれば幸いである。岩や石への足の置き方1つでさえも、経験を積むことでコケる回数は減るし、ルートファインディングも少しずつできるようになってくる。そして、いつか夢のような大ものが微笑んでくれるかもしれない。

源流釣りのシーズンは短い。夏が終わればアッという間に渓は閉じる。だから、さあ！　荷物を背負って「ひょいっと」気軽に、源流釣りに出かけてみようじゃないか。山や渓は太古からありのままの姿で入渓者を待っているのだ。

1章

装備と準備

快適さと重さの
バランスを吟味しよう

源流遡行に適したスタイルと装備

源流釣りのウエア類は「濡れる」を前提に考える

源流へ行くには、それなりの距離を歩かなければならない。水に浸かって徒渉したり、場合によっては泳いだりすることもある。そのため、ウエア類はそれなりのものを用意する必要がある。

たとえば下半身。渓流釣りで着用するウエーダーは、カバーされる丈の水深以上の徒渉ができない。源流では足場の悪い場所も多く、転んで水が入るリスクもある。もちろんウエーダーを履いて泳ぐことはできない。また、いくら透湿性素材でも、真夏に重いザックを背負って長距離を歩き続けると内部が汗で濡れてしまうので、やはり源流にはウエーダーは適さない。

源流遡行では、あらかじめ全身が濡れることを考慮してウエアを選ぶ必要がある。綿素材のシャツやパンツでは、繊維が水を含むと重くなるし、肌に張り付くことで体温を奪われ、動きも妨げられてしまう。そのため、ポリエステルなど化学繊維素材を用いた沢登り、山登り専用のウエアがベスト。水を吸収しにくく、水に濡れても軽く、速乾性に優れ体温を奪われにくく、動きも妨げられない機能を備えたものが理想的だ。

具体的にいうと、上半身は夏の盛期ならTシャツと長袖を気温に応じて着分ければよい。下半身は、最近は各社から沢登り用、あるいはウエットウエーディング用として濡れ専用に作られた製品をおすすめしたい。

意外に重宝する雨具の保温性

雨具は、ゴアテックス等の防水透湿性に優れた素材の製品が高価だが軽く、保温性も高くて使い勝手がよい（写真は「ザックとその中身」の項）。雨はもちろん、泳がなければならない時でも、水から上がった後に体温を温存してくれるし、アブや蚊などの吸血虫から身を守ることもできる。下半身に濡れ専用の製品を着ている時は、軽量化を考えて上着だけ携行することもある。

沢登りシューズ？　それともタビ？

足周りはネオプレーンの薄手かポリエステルの靴下に、沢登りシューズや沢用タビがよい。前者は手軽に履けて足の保護性も高く、今ではほとんどの人がこれを履いている。一方のタビは、軽量で柔らかく泳ぎの際にとても軽快。ソールが柔らかいので丸

●源流釣りスタイル例

右上写真
①頭部保護のために帽子やヘルメットを被る
②濡れると身体が冷えるので夏でも長袖を着たほうがよい。身体にジャストフィットする速乾性のものなら動きが妨げられない
③ネオプレーン製のグローブ（フィッシンググローブで代用）。岩に手をつくことが多く、怪我防止のために着用したほうがよい
④速乾性ハーフパンツとタイツの組み合わせ。ハーフパンツはひざにかかると足が上がりにくくなるのでひざ上丈がよい。シューズは沢登りタイプ。ネオプレーンの靴下を履いて着用し、スパッツを装着して靴ひもはその中に入れる
⑤念のためハーネスも装着
※ 下着も速乾性のものを履いている

●ザック周り

一度濡れるとシュラフは乾きにくいので、ビニール袋に入れて防水バッグの中へ

防水バッグは空気を抜いてマジックテープでしっかり閉じる。口を2、3回折り返してから止める

パッキングする前に、サイドの紐を緩めることも忘れずに

大切な釣りザオは背中の防水バッグとザックの間に収納する

い石をつかみやすく、グリップ力も優れている。ただし足の指をぶつけて怪我しやすいのが難点である。

沢登りシューズの底はフェルト製のほか、近年はラバー製もある。両者の長所と短所だが、フェルトは草付きなどの斜面を登る時は滑りやすいが、オールマイティーな条件で使用できる。ただし底が減りやすい。

ラバーは乾いた岩や草付きを登りやすく、底も減りにくいが、雪渓が上部に残る沢や水の温い沢では川底の石に対して滑りやすく、グリップが利かない所がある。濡れた木の上を歩くのもかなり怖い。それゆえにラバー底は場所を選ぶ。初心者にはオールマイティーなフェルト底のシューズをおすすめする。そして草付きや高巻、登山道ではチェーンスパイク等の滑り止めを装着することで登りやすくなり、底の減りも軽減できる。

スパッツは、砂の侵入防止や保温のためにも必需品。ネオプレーン製のものがベストだ。また、渓歩きに慣れていない初心者は転んで膝をぶつけることがあるので、膝の曲がりは悪くなるが、ニーパッドを着けるとなお安心だ。ニーパッドを使用することで、膝を付いた低い姿勢で釣るスタイルも容易になるという利点もある。

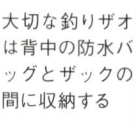

●手・足周り

1 ヘルメット（ケースバイケースで帽子）
2 ウエーディングシューズ
3 左から、フェルトソールシューズ、ウオーターラバーソール、フェルトソールの渓流タビ
4 ニーパッド。スタイル例では装着していないが、これがあると岩にぶつけた時などにひざを守ることができる
5 薄手のネオプレーンの靴下
6 スパッツ
7 リストバンド＆指出し式グローブ

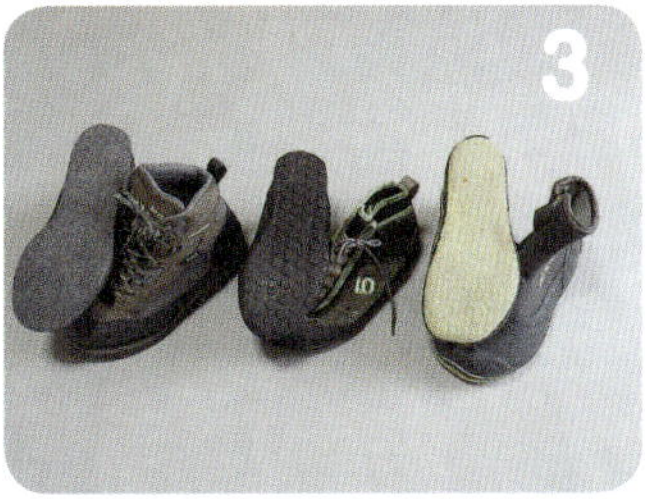

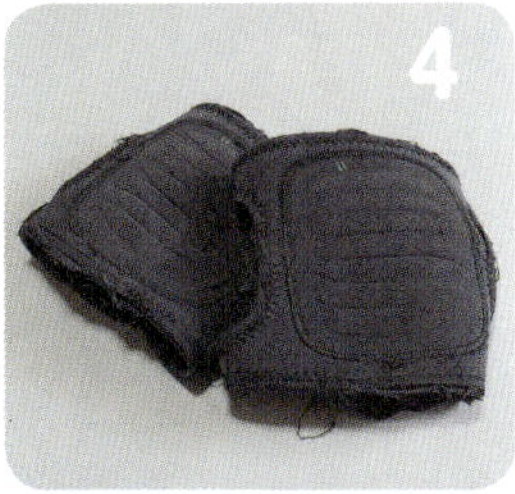

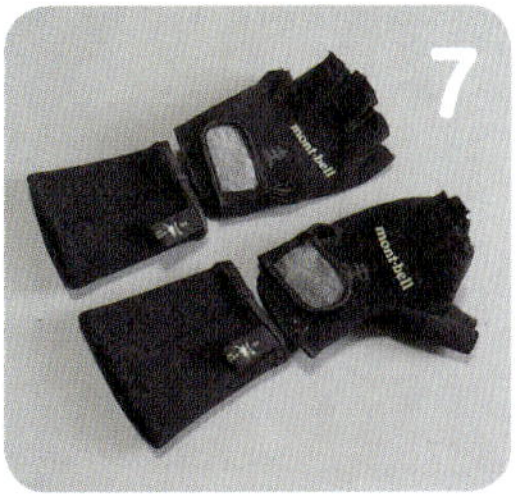

●ウエア類

1 速乾性素材のTシャツ
2 沢用に開発された撥水性素材のウエア上
3 沢用に開発された撥水性素材のウエア下とショートパンツを組み合わせる
4 上着の下には超撥水性素材の下着をレイヤーする

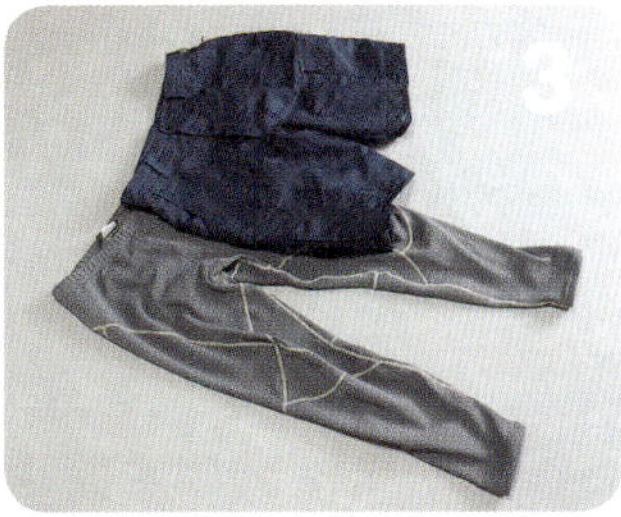

ザックとその中身〜キモは軽量化

源流釣行の荷物を選ぶ際には、持っていかなければならないものをできるだけ軽量化することが肝心。そして、必要なぶんだけ持つことを心掛ける。それによって遡行も楽になるはず。結果的に渓で快適に過ごすことができるし、いざという時にも困らないのである。

ザックと寝具類

ザックはシンプルで軽く、堅牢なものが理想。また、防水インナーを使用することを前提とするので、内部が2室に分かれるタイプは適さない。ザックの大きさは泊数にもよるが、通常50〜60Lのものが使いやすい。

遡行途中で泳いだりすることもあるので、防水には気を遣う必要がある。具体的には、山道具店で販売している薄手の防水インナー80Lを2枚使ってザックの中全体を防水にする。インナーは、防水加工された面が傷つかないように、内面同士を合わせるようにしてザックに入れる。2枚使用することで防水性が増し、滑る面が内側になるので中身も取り出しやすくなる。

防水袋とザックの底の間に水が溜まって抜けない場合は、帰宅後に熱したドライバー等で穴を数ヵ所開けると次回から水抜けがよくなるのだが、ザックの底に穴を開けるのはちょっと勇気が必要。

ザックの型崩れ防止やマットの収納スペースを確保するために、マットをザックの内側に丸めて収納し、その中に防水インナーを入れるという方法もある。また、ザックの背中部分に、まな板として使える薄いベニヤ板を入れると型崩れしにくく、収納性もよくなる。

寝る時はタープやブルーシート、ツェルトを張って寝るのが一般的だ。タープは軽量で3畳ほどの大きさがあれば、2人でゆったり寝ることができる。軽量という点ではツェルトもおすすめ。四方を囲まれるので安心感も得られる。

大人数のパーティーならブルーシートが有効だ。源流でテントを使うのは、スペースの割に重量があり、かさばるのであまり実用的ではない。ただ、残雪のある春先や秋深くなった季節、高山の源流では使用することが多くなる。

マットは、軽い半身用のエアマットを使う人もいるが、焚火の火の粉が落ちるとすぐに穴が開いてしまうのが難点だ。そこで薄めの畳めるマットにするか、銀マットが軽量で使い勝手がよい。軽量化を考えるなら、荷物を抜いたザックを裏返してマット替わりに使うのも手だが、濡れたザックを敷くのは気分的に抵抗がある。

シュラフはダウンか、化繊タイプのサマーシーズン用の軽くて小さく収納できるものがよい。これに軽量タイプのシュラフカバーを被せて使う。

調理器具類

調理道具のメインとなるガスストーブ（ガスバーナー）は、できるだけ焚火を使うようにすれば、ガスヘッドはマイクロストーブといった小さなヘッドで事足りる。ガス缶は、予備として1缶持っていれば、1、2泊は大丈夫だろう。

コッフェルは、ビリーカンあるいは焚火缶と呼ばれる吊るし金具が付いていて、大中小と重ねられるタイプのものが使いやすい。コッフェルなども人数と料理を照らし合わせて、必要なものだけを持つようにする。たとえば、2人で1泊の予定なら、中、小ビリーカンにチタンコッフェル小、フライパン小があれば充分である。食器も軽くてかさばらないものを選びたい。

ノコギリは、焚火用の薪を切る、タープを張る時のポールを作る等、あると重宝するものだ。軽量でコンパクトになるものを選びたい。

登攀具類・釣り道具

できるだけ荷物を軽くするには、細かい装備にも気を配る必要がある。登攀具についてだが、環付きカラビナは、ある程度大きなものが使いやすい。だが、その他のカラビナやエイト環は、なるべく小さいものにする。源流で使うロープは、6～7㎜径30～40ｍが適当だろう。細くても持っていたほうが安全だからだ。スリングは最低3本。ハーネスは、スワミベルトと呼ばれる簡易ハーネスが便利。最近ではとても軽量なハーネスも市販されている。

ヘッドランプ1つとっても、小型軽量でLED電球の、使用電池の本数が少ないものを選ぶ。

釣り道具も、できるだけコンパクトにまとめる。エサ釣りの仕掛けは事前に数本作って仕掛け巻きに収納する。予備のラインも仕掛け巻きに10ｍほど巻いておくと、いざという時にこれで仕掛けが作れる。ハリも余計には持たない。こうすることでも軽量化はできる。

ただし、軽量化を目差すあまり、本当に必要なものを削ってはいけない。たとえばライターは必ず2つ以上持つこと。1つが点かなくなっても予備があることで生命線になるからだ。

●運ぶ、寝る

●食事

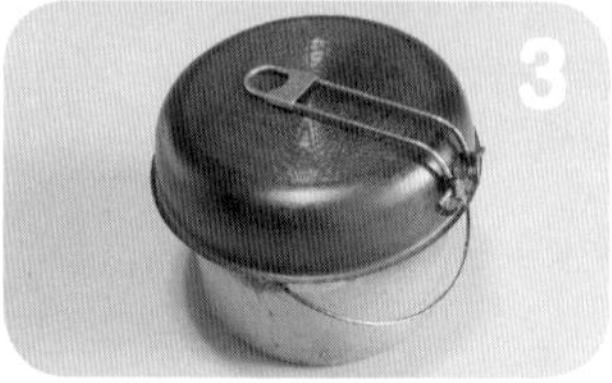

源流釣行装備リストの一例

●運ぶ、寝る

ザック（50 ～ 60L）・防水インナー（2枚）・シュラフ・シュラフカバー・タープ（ツェルト、ブルーシート、テント）・マット

●食事

フライパン・飯盒（焚火缶）・食器類・ナイフ・まな板・水筒・ガスストーブ・ガスカートリッジ・ライター（2つ以上）・着火剤・軍手（皮手袋）・食料（予備の食料を含む）

●衣類

ウエーディングシューズ・靴下・スパッツ・ニーパッド・帽子・ヘルメット・Tシャツ・長袖シャツ・長ズボン・手袋・着替え・防虫ネット・雨具（上のみでもOK）・手ぬぐい・タオル・ダウン上下（化繊タイプ）

●夜間

ヘッドランプ・ランタン・ロウソク

●幕場で快適に過ごす

着替え・サンダル・虫除けスプレー・蚊取り線香・薬品・歯ブラシ

●何かと役立つ（モノによっては必需品）

ノコギリ・ペンチ・針金・細引き・ヒモ・ガムテープ・ホイッスル・ラジオ・予備電池・トイレットペーパー・コンパス・地図・チェーンスパイク、ピンソール等の滑り止め具・ロープ（6～7mm径、30 ～ 40m）・ハーネス・環付カラビナ（1）・エイト環（1）・カラビナ（2）・スリング（3本）・リムーバポイズン

●登攀用具（目的地に応じて）

高巻用の滑り止め・ロープ・ハーネス・カラビナ各種・エイト環・スリング・アイスハンマー・ハーケン・ボルト類

●忘れてはならない

釣り具一式（詳細は源流釣りの章で）

1 ザック60ℓ
2 インナーは2重にして裏表で合わせる
3 ダウンタイプのシュラフ、サマーシーズン用
4 シュラフカバーは軽くて防水加工されたものを選ぶ
5 左からブルーシート、タープ、ツェルト、テント
6 上銀マット、下エアマット

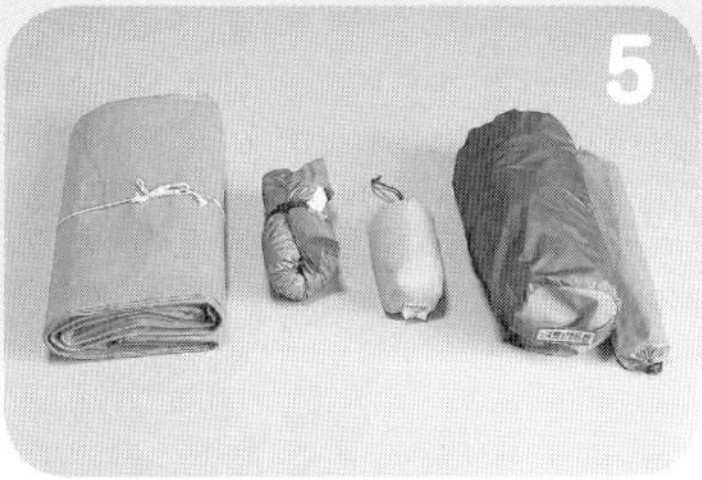

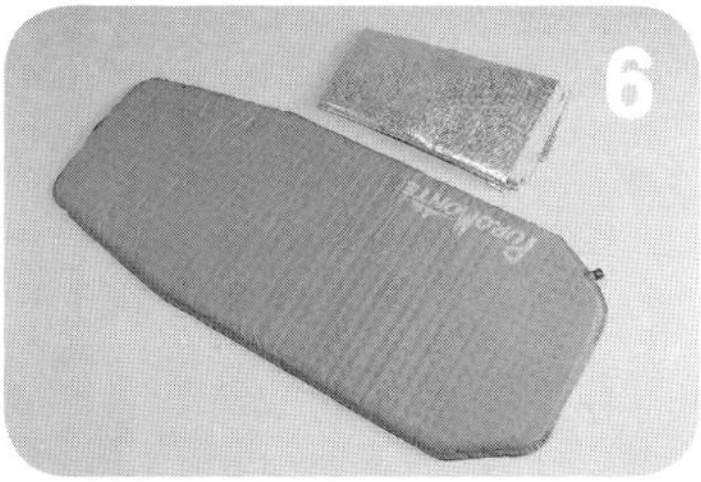

1ビリーカン（焚火缶）は大中小の3つが1つになる
2テフロン加工されたフライパンは取っ手が折り畳み式のものがよい
3ビリーカンの上にフライパンを重ねてコンパクトにする
4左＝軽くて重ねられるチタン製の食器、右＝重ねられるわっぱは食器として重宝する
5ソフトタイプの水筒。水を入れない時は畳めるので便利
6左＝箸は穴を開けて細紐でつないでおくとなくさない。中＝折り畳み式のお玉、右＝小しゃもじ
7まな板はザックの背中の大きさに合わせてベニヤ板を加工して作る
8上＝ナイフはペティナイフが使いやすい。下＝折り畳み式のナイフは多機能のものが便利
9左＝ガスバーナーは4徳ゴトクのものが使いやすい。右＝ガスの液化を高めるブースター
10ガスカートリッジ
11左＝ライターはガムテープを巻いておくと便利。右＝スライドマッチ
12着火剤各種。左＝チューブ式ゲル着火剤、中＝ガムテープ（ライターに巻いている）、右＝固形着火剤
13左＝軍手、右＝皮手袋
14食料＆非常食の例

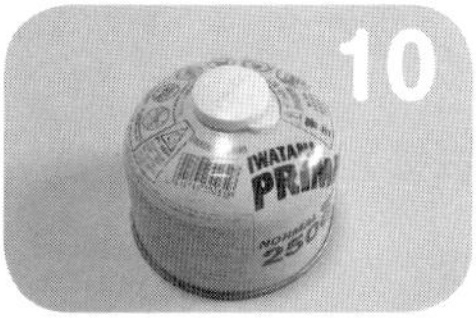

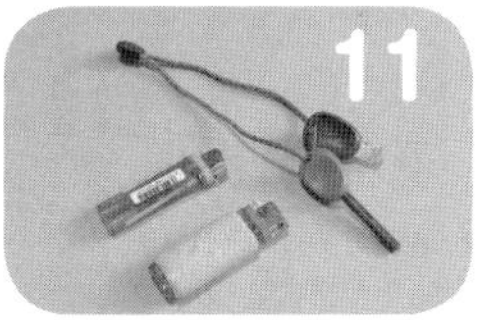

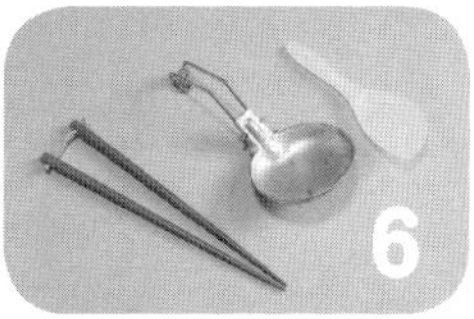

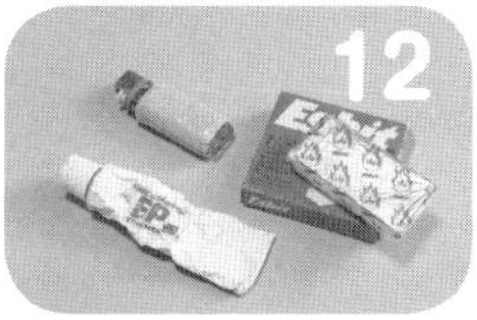

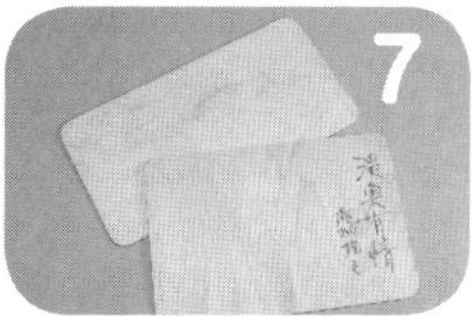

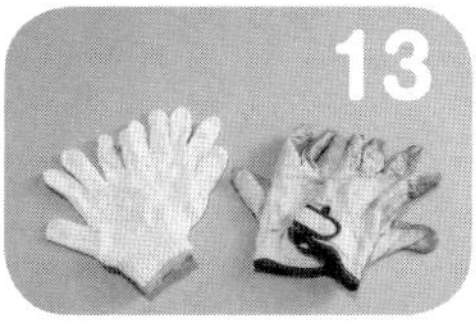

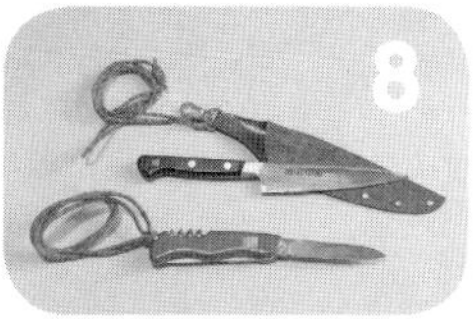

●衣類

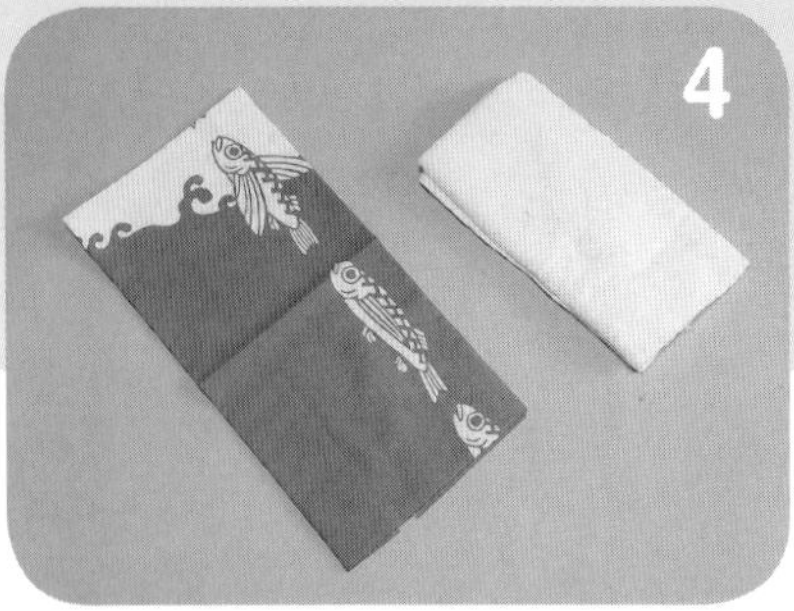

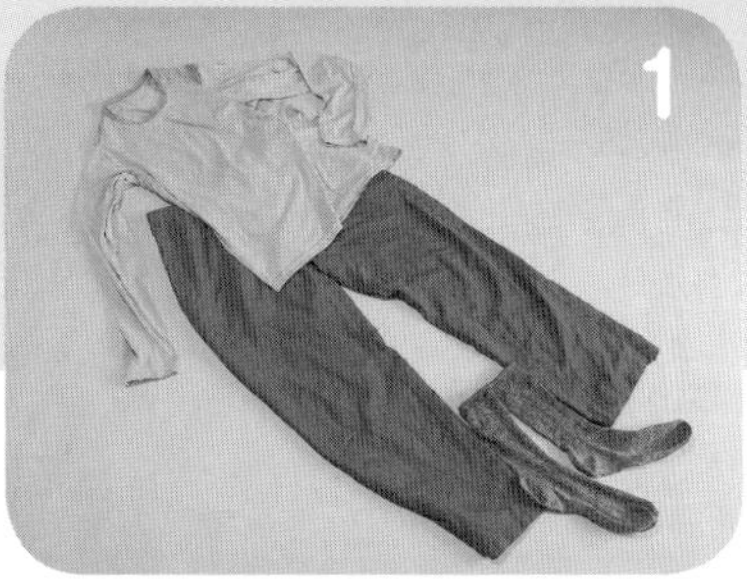

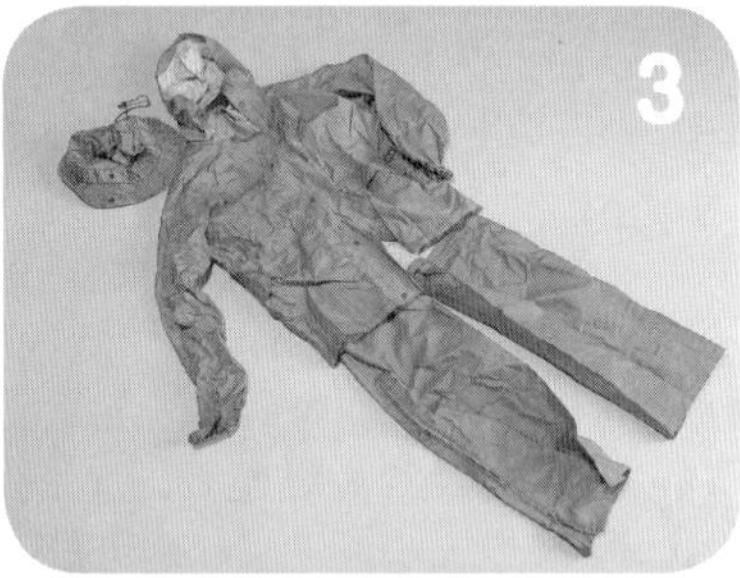

1 着替えは軽くて小さくなるものを選ぶ
2 防虫ネット
3 雨具。防水透湿性素材のもの（上だけでもかまわない）
4 左＝手ぬぐい、右＝タオル
5 化繊のダウンタイプの防寒着上下

●夜間

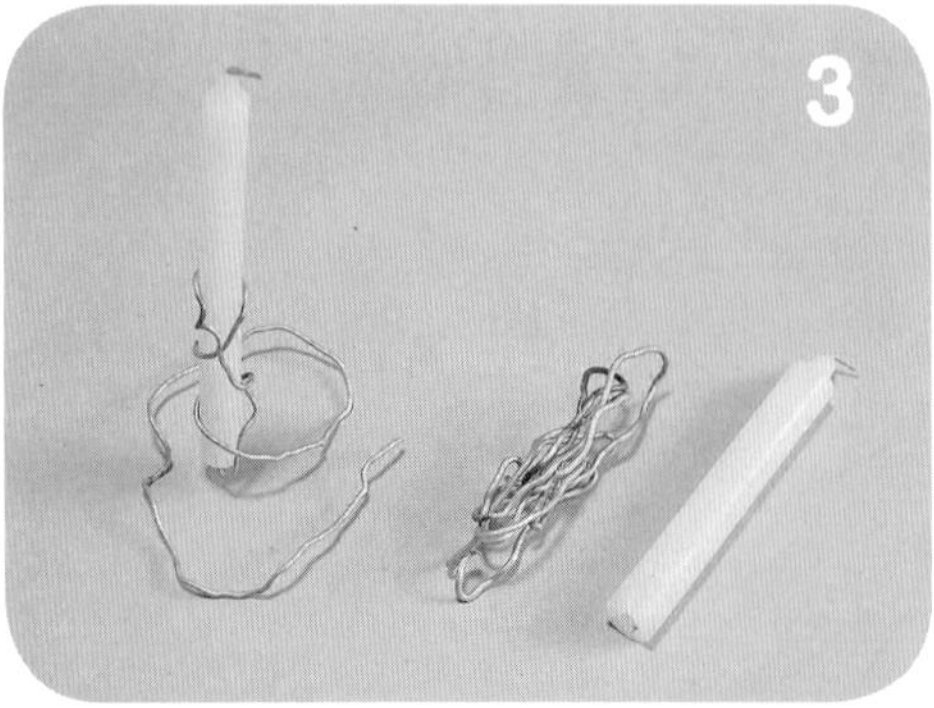

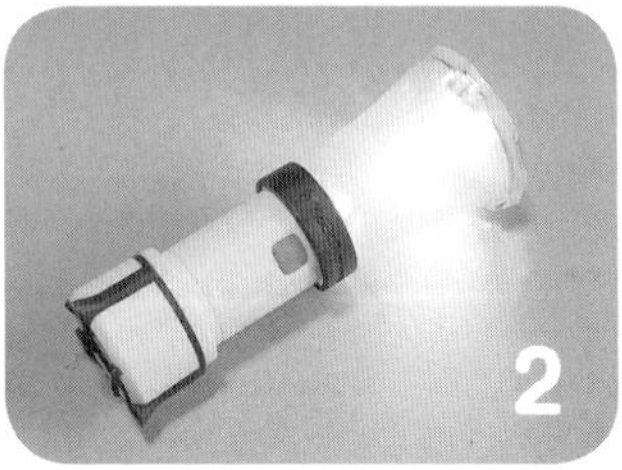

1 LED ヘッドランプ。通称「ヘッ電」
2 LED 小型ランタン
3 ロウソク。アルミ針金があるとロウソクを立てたり、ぶら下げたりできる

●幕場で快適に過ごす

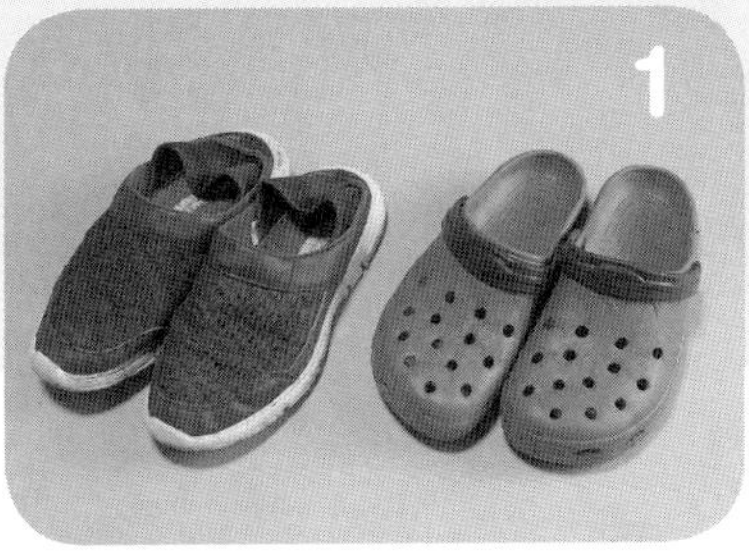

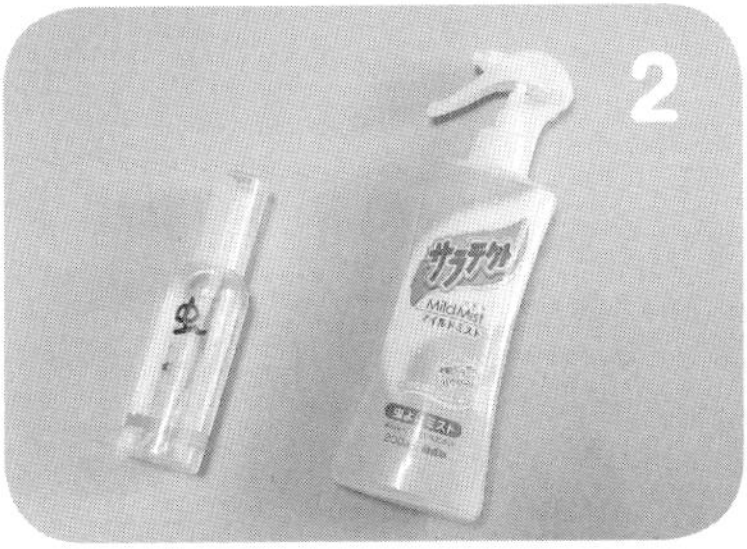

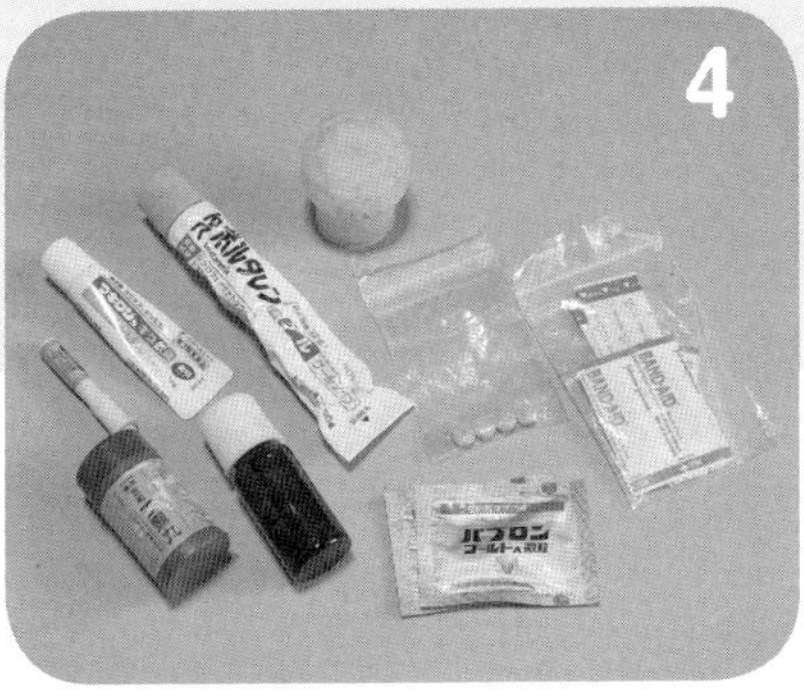

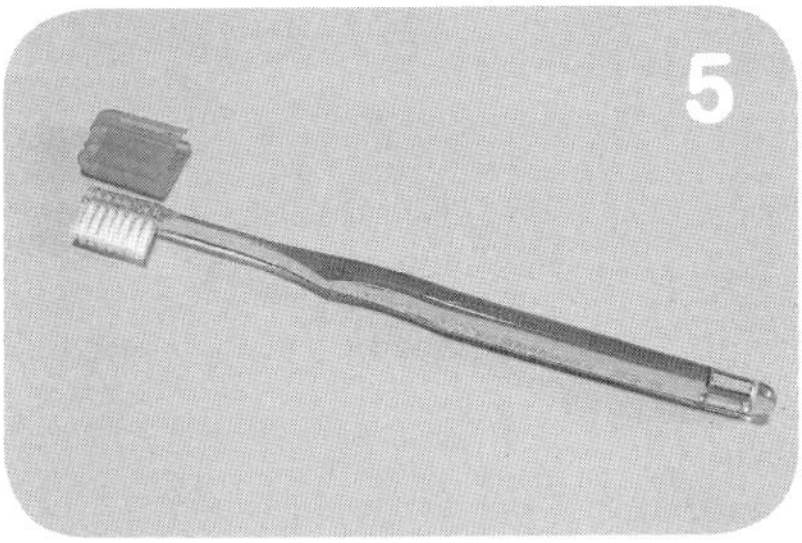

1 サンダルはつま先が保護されるものを持っていく
2 虫よけスプレーは小さなアトマイザーに小分けして持っていく
3 蚊取り線香と蚊取り線香容器
4 薬品、バンドエイド
5 歯ブラシ（歯磨き粉は持っていかない）

●何かと役立つ（モノによっては必需品）

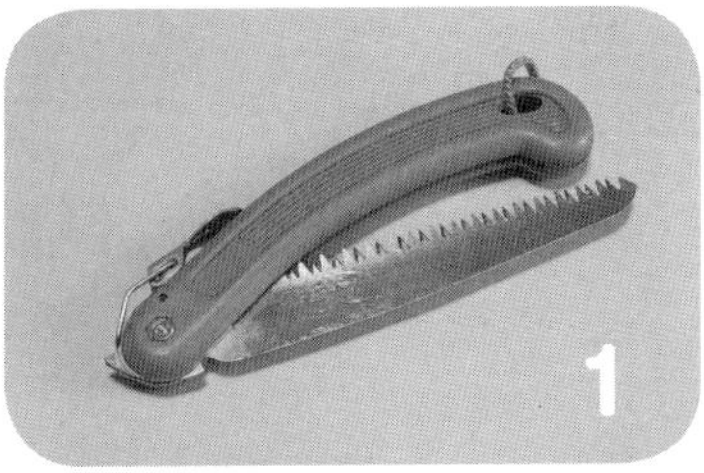

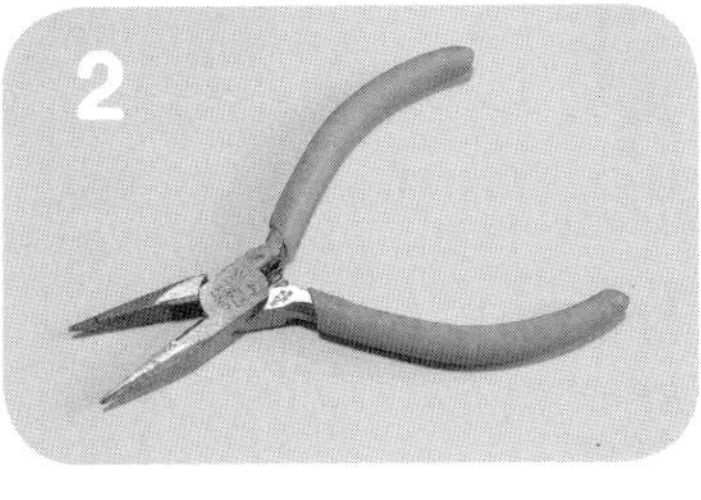

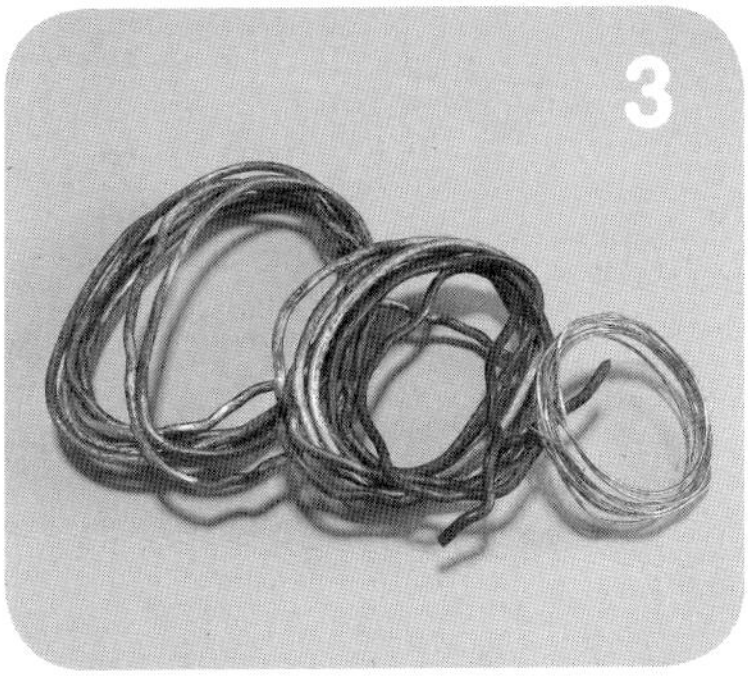

1 ノコギリ
2 小型ペンチ
3 左から、アルミ針金２種類、極細ステンレス針金

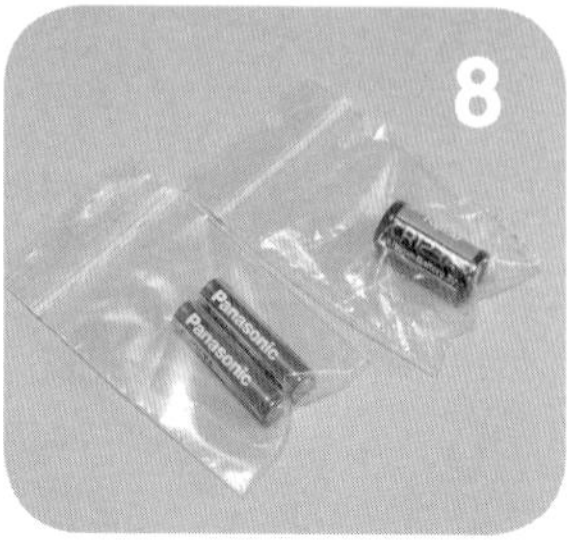

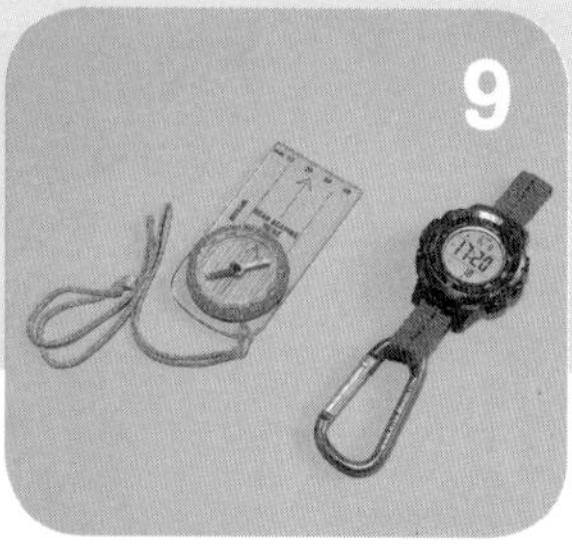

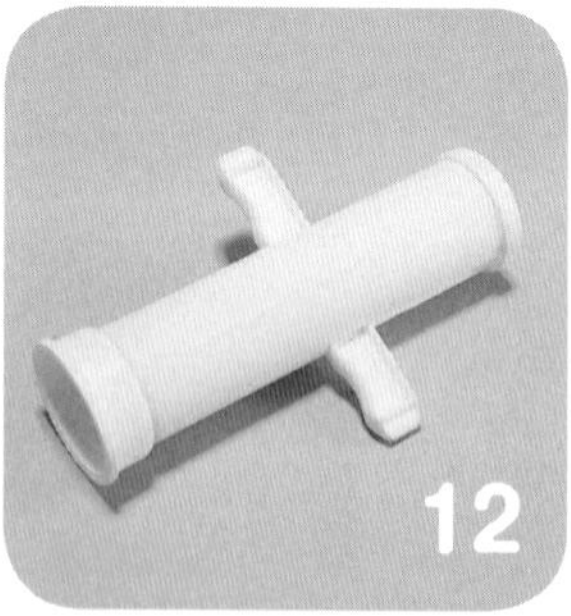

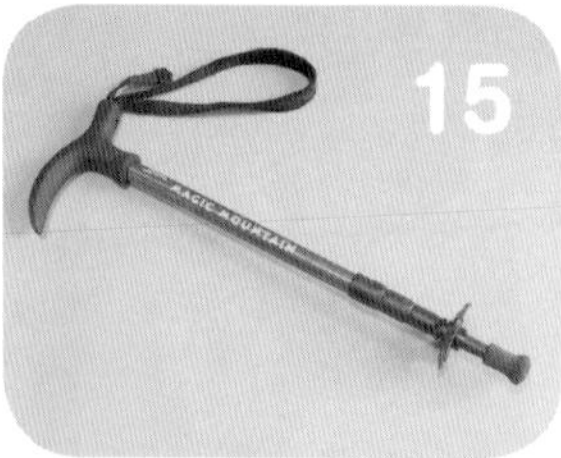

4左から、細引きと目印に使う赤布テープ
5予備のライター。ガムテープを巻いておくと、着火剤として使ったり、修繕の時に役立つ
6ホイッスル
7携帯ラジオ
8予備電池はビニール袋に入れて密閉する
9コンパスとコンパス機能付き時計
102万5千分の1地形図はビニール袋に入れて密閉する
11 ハンディタイプのGPS
12ポイズンリムーバー
13クマ避けの鈴
14折り畳み傘があると雨の日の幕場で重宝する
15徒渉や山道の歩きに便利なステッキタイプの伸縮式杖
16トイレットペーパーはビニール袋に入れて密閉する

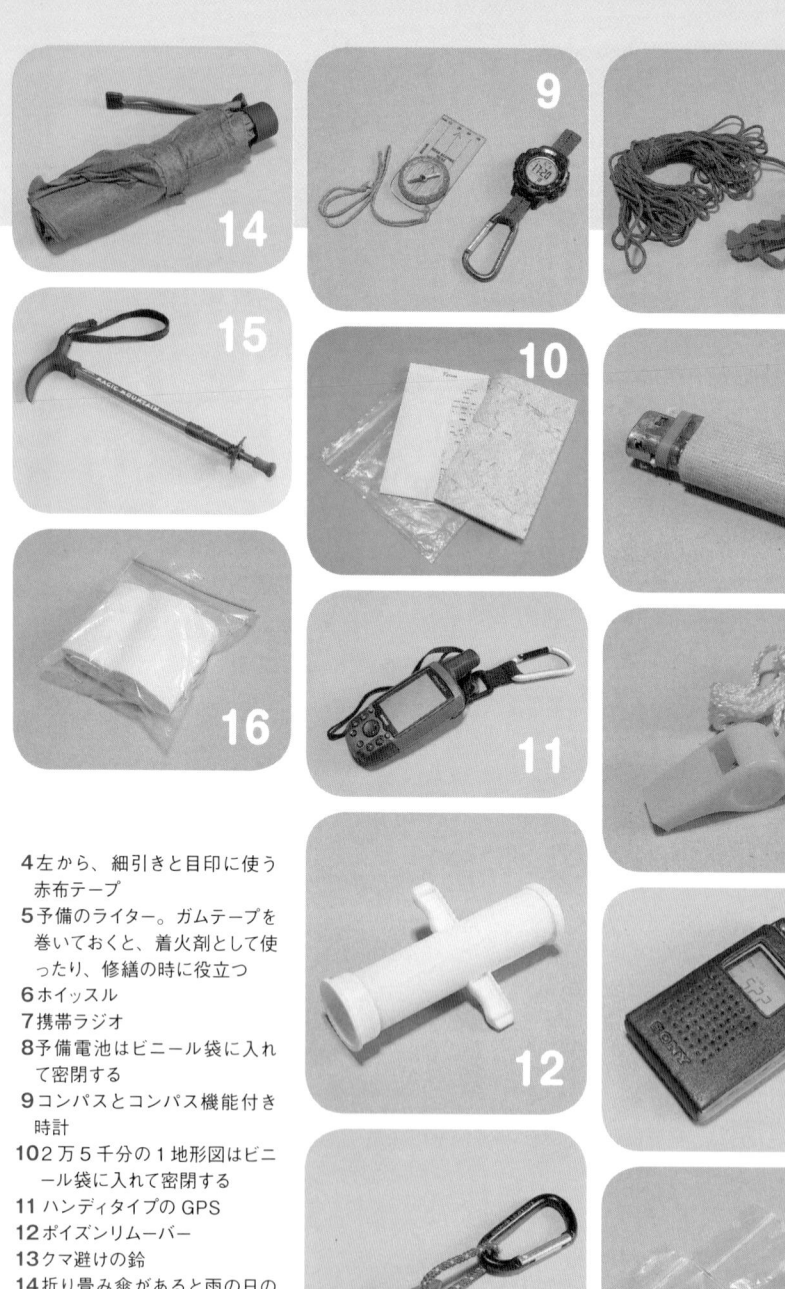

登攀用具

1 高巻用の滑り止め。左＝チェーンスパイク、右＝ピンソール
2 ロープ。左から7.5㎜径30m、7㎜径40m、沢登り用6.5㎜径25m
3 上＝レッグループ付のハーネス、下＝簡易ハーネス（ゼルプストバンド）
4 環付きカラビナ。左＝オートロック式、右＝スクリュー式
5 エイト環
6 カラビナ
7 スリング。左＝テープスリング、中・右＝ロープスリング
8 アイスハンマー。ハーケン及び本体落下防止の紐とカラビナを付けておく
9 ハーケンは何枚か形状の違うものを携行する
10 左＝ボルト。右＝ボルトを埋め込むための穴を開けるジャンピング、中＝ジャンピングに取り付けるキリ

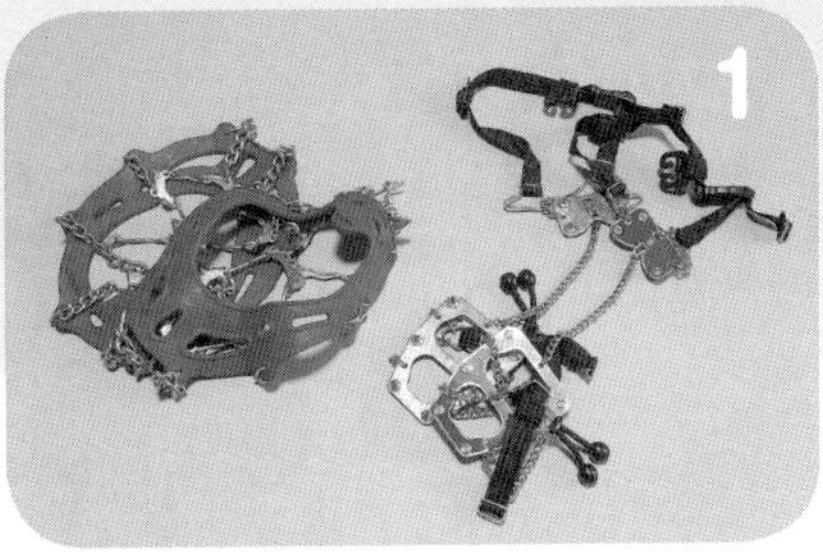

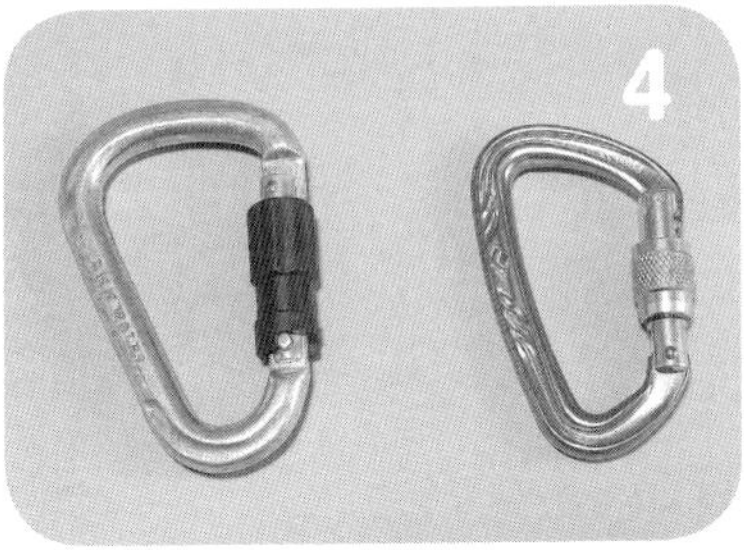

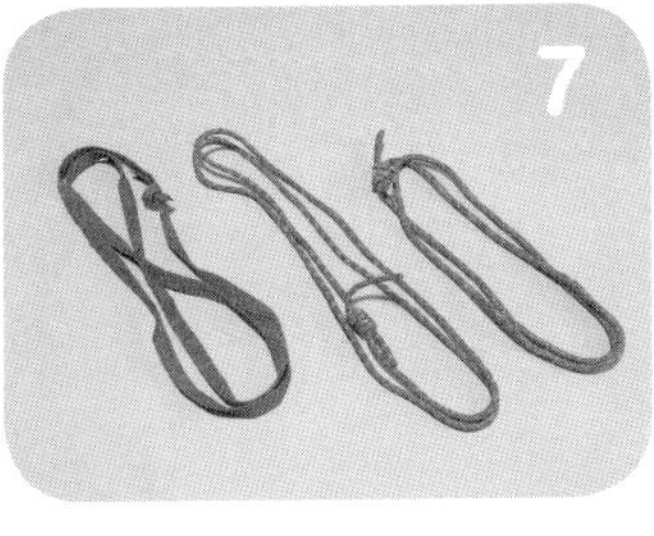

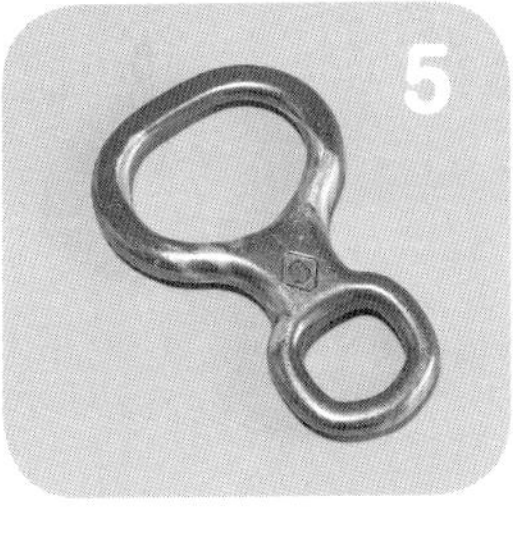

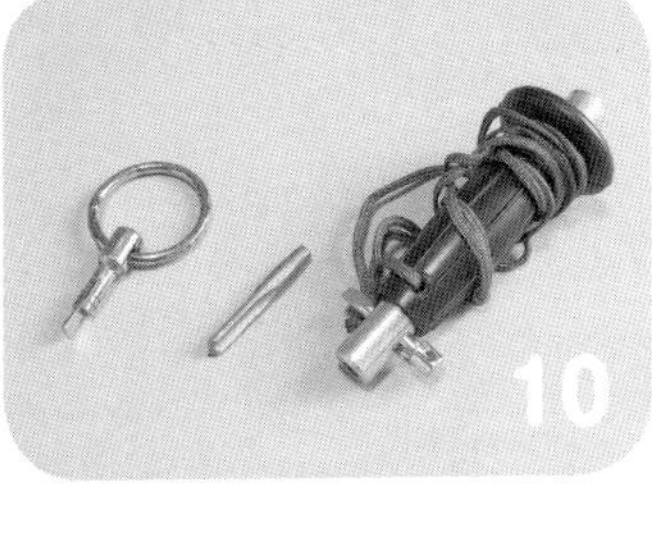

源流釣りの計画の立て方

行き先と予定日を伝えておく

源流釣りでは高巻をしたり、滝を登ったり、何かと危険がつきものである。危険といっても慎重に行動している限りそれらは楽しいチャレンジであり経験なのだが、人家のない山奥に分け入るのだから、「もしかしたら……」という万が一の事態も常に頭に入れておかなければならない。

仮に、源流でアクシデントに遭って帰れない状況に陥ったとしよう。

予定日を過ぎても戻ってこないと、家族は不安になって警察に捜索願いを出す。この時、本人があらかじめ家族に行き先を伝えておけば捜索隊の行動は円滑になる。しかし何も伝えることなく行った場合は、大変なことになるだろう。たまたま地元の人が林道終点に置きっぱなしになっている車を見つけて不審に思い警察署に届け出ると、そこから身元が照会され、捜索願いが出ていることで、やっと捜索が始められるのだ。

捜索費用は本人あるいは家族の負担になる。最近は、防災ヘリの普及でヘリ捜索の金額は請求されなくなってきたが、もしもほかでヘリが手一杯になっていれば、民間のヘリが捜索に出ることになる。その場合、1回の飛行で何百万円という請求がくることになる。

また。歩きの捜索隊は、地元の人たちで編成される。その日当も1人あたり1日約2万円といわれている。20人体制で3日間捜索したら、それだけで120万円である。

保険加入のすすめ

アクシデントは起こさないに越したことはないのだが、これればかりはなんともならない。不測の事態に備えて保険に加入しておけば、いざという時に経済的には安心だ。釣り保険という保険が以前はあったが、今はなくなったようだ。そこで山岳保険やレジャー保険といったものに加入するとよいだろう。沢登りはロープやハーケンを使うといった危険行為に該当するので、そのあたりも保険会社に確認しておこう。捜索費用は200～300万円といった金額が妥当である。

また、保険に加入すると、家族にどこへ行くか伝えておかなければならないなどの条件がある場合が多い。そのため、あらかじめ行き先を伝えることに気をつけるようになるのもよい。

そういう時に役に立つのが計画書である。

山行計画書

山岳連盟加盟
所属山岳会

山行期間	2012年6月30日（土）～7月1日（日）				
山行場所	五十嵐川支流砥沢川				
ルート	笠堀ダム～光明山登山道～ P813 ～砥沢川～光明山～笠堀ダム				
最終下山連絡時間	2日22時				
参加者	氏名・生年月日・年令・住所・電話				
服部　文祥	S44	43	○○県○○市○○○	000-000-0001	所属山岳会
丸山　剛	S37	49	○○県○○市○○○	000-000-000	所属山岳会

計画概要	
6月30日	笠堀ダム～光明山登山道～万ノ助山～ P813 ～砥沢川～ビバーグ
7月1日	～周辺釣り～光明山～笠堀ダム
エスケープ等	天候が悪ければ入渓しない

装備		食料
＜共同＞	＜個人＞	朝（1）
タープ（緑）（1）	ハーネス	昼（2食）
EPIガスヘッド（1）	安全環付カラビナ（1）	夜（1食）
ガスカートリッジ（1）	カラビナ（3）	
コッフェル（2）	スリング（5）	
ロープ（7.5mm×40 m）		
ノコギリ（1）		
1/25000地形図　越後大野		車
		トヨタ　○○○相模000　0000
		シルバー
		笠堀ダムサイトに駐車

緊急連絡先	丸山尚代　○○県○○市○○○　000-000-0000

ブルーシートを使った「瀬畑ハウス」で、まったりタイム。しっかりした計画書を立てることが源流での行動の余裕につながる

計画書を作る

計画書は、いつからいつまで、どこへ、誰と、どんな装備や食料で行くかを明記するのが一般的だ。それゆえに計画書を作るという作業を通じて、下調べがしっかりできるので好都合なのである。

図は例だが、メンバーの住所、電話番号、ルートやエスケープ方法、装備、食料、地図、車の種類とナンバー、駐車場所、緊急連絡先などを記入しておく。そしてこの場所を所轄している警察署に計画書を送っておくのが一番よい方法だが、家に1枚置いておき、現地で車のダッシュボード上など見えるところに置いておくのもよいだろう。これだけの情報があれば、何かあった時、すぐに対処してもらえるはずだ。

そして大切なことは、計画書どおりに行動すること。それ以外のルートは行かないようにすることが大事なのだ。勝手に行き先やルートを変更してしまうと、計画書の意味がなくなってしまう。もしも行き先を現地の状況で変える場合は、メールや電話で家族にその旨を確実に伝えることだ。その場合も、計画書のように新しいルートや車の置き場所を知らせることはいうまでもない。

2章

火をおこす
食べる
寝る

幕場の知恵は
楽しさと安全を倍増する

源流で快適に泊まるには

大切な幕場選び

源流での幕場選びは、水とのかかわりが大きいのでとても重要だ。先達がヤブを切り開いて作った幕場を知っていてそこを目差して行くベースタイプと、その場で決めなければならないビバークタイプでは、幕場の選び方がだいぶ違ってくる。

ヤブを切り開いて作られた幕場はほとんどの場合、沢から一段高くなった高台にある。数十年に一度あるかないかの大雨以外では、水に浸かることはないといってよい。つまり比較的安全な場所にあるということだ。そういう場所を事前に知っておくとも源流でのビバークを安全、快適に過ごせる要因となるだろう。そのためにも普段から他の釣り人とのコミュニケーションが必要になると思う。

幕場の位置を正確に示すには、2万5千分の1地形図上にしっかりと書き込んでおくこと。しかし、読図ができて自分の位置を地図で分かるようにならなければ、せっかくの地形図も使い物にならない。この技術は地図読みの項を参考に普段から練習しておこう。そして大切なのは、どの程度のペースで行けば何時頃に目差す幕場に着くかをしっかり頭に入れて行動すること。幕場の場所を知っていても、日が沈むまでに到着できなければどうにもならない。

初めての渓で幕場を選ばなければならない状況では、早い時間から泊まり場所を意識しての行動が必要になる。必然的に地形図と目の前の地形と、時間とのにらめっこになることが多くなる。ゴルジュが続く渓では、渓から一段上がった場所を選ぶとよいが、なかなか上がれる場所を見つけるのは難しい。天気が安定していても、上流で雨が降ると突然増水することも考えられる。そのためにもゴルジュを突破した先で幕場を見つけるようにしたい。私の過去の経験では、ゴルジュを突破できずに暗くなり、やむなく高巻途中の岩のテラスにロープを張り、セルフビレイを取ってビバークしたこともある。そんなことにならないようにくれぐれも注意してほしい。

ゴルジュ帯でも上にゼンマイ道が通っていて、ゴルジュに流れ込んでいる小沢を上がることができれば、ゼンマイ道の周辺で泊まることができる。小沢で水も確保できるのでたいへん便利だ。

幕場に着いたら寝床を確保

目的の幕場に着いたら、まずタープやブルーシート、ツェルト、テントを用いて寝床を確保する。装備でも書いたが、1～2人の少人数ならタープが軽

安全な幕場は安心感が違う。渓歩きの疲労回復も自ずと違ってくる

くて便利だ。大人数の時はブルーシートが活躍する。ブルーシートは大きさが選べるので、人数に合わせて選択することが可能になるからだ。

タープの張り方にはいろいろな方法がある。片方の面を斜面側の高い位置に紐で縛り、床のほうに向かって斜めに張る片張り式は、狭い場所でも設置できるので便利だ。片張り式を応用すると、タープの一片の両側に支柱を立てて高く張り、逆の一片を低く張ることも可能だ。

支柱を1本立て、ロープを張って片側を木に結び、タープを被せて家型に張る方法もある。この場合も、支柱を2本立てたり、木の間に張ったりと応用が利く。覚えておくととても便利だ。

さらに、2つのタープを隙間が開くようにつなぎ合わせて、その部分で折れ曲がるように紐に掛けて家型に張る方法もある。これはタープの下で小さな焚火ができるのが魅力で、雨が降っている時でも、焚火が消えず暖が取れる。注意点は、タープは少し高めに張ることと、焚火用の薪は小さく切りそろえておくこと。火を大きくしすぎると、タープが燃えてしまうからだ。

片張り方式でも、片側を高く上げておけばその下で焚火をすることは可能だ。ほかにもタープの四隅

●こんな場所はキケン！

このようなゴルジュ帯で幕場を作るのは非常に危険。抜けた先に幕場を求めるか、時には引き返す判断も大切

水辺に平らな砂地がある場所でも、増水時にはこのように一気に水が押し寄せる

にロープを結び、真ん中を持ち上げるように支柱を立てる方式もある。この場合、支柱はタープを傷つけないように枝や葉が付いたままの木を立てるとよい。あるいは支柱にタオルを巻いたり、タープの支柱の当たる部分を強化しておくのも手だ。この方法は四角の大きなタープを張る時によく使われる。

ブルーシートもタープの張り方と同様でよい。ちなみに、渓の翁・瀬畑雄三さんの張り方「瀬畑ハウス」はとても画期的なので紹介しておきたい。

ブルーシートには表と裏があり、光沢のあるほうが表になる。まず表面が上になるように張ること。そして長い支柱と短い支柱を2本ずつ用意する。長い支柱2本はブルーシートの片面両側にしっかりと固定し、支柱から2本ずつ紐を出すようにする。この2本の紐が90度になるように張り、両側の支柱を固定する。

次にブルーシートを、下に人が寝ることができるくらいの長さを取ってから下に折る。この折り返した角の部分を短い支柱2本で固定する。固定する際には長い支柱と同じように、2本の紐が90度になるようにしっかりと固定すること。

こうすると、折り返したシート部分が床になる。屋根の低くなったほうには隙間がないので、そこか

●安全な幕場の例

水辺から適度な高さや距離がある森の中に幕場を作ると安心だ

らの雨の侵入を防いでくれる。

ただし、大人数用にブルーシートを張る時は、この方法では狭くなる。そこで1枚のブルーシートを折り返さずに張るとよい。その場合は、低い部分にもう1枚のブルーシートを、小石を挟んだインクノットという結び方でつなぐとよい。そうすることで折り返したのと同じ効果が得られる。

いずれにしてもタープやブルーシートの張り方は、雨が降った時に上に水が溜まらないように工夫して張ることが基本だ。また、タープを伝って流れ落ちてきた雨水が寝床に流れ込まないようにすることも重要なので覚えておこう。

源流では春先や残雪期以外では、重量の面であまりテントを持っていくことはほとんどない。ただ、夜の虫対策などには効果的だと思う。虫対策として吊り下げ式の蚊帳をタープの下に吊るす人もいる。

幕場周りで快適に過ごせる装備

水で濡れたウエア類は幕場で着替える。昔は着枯らしといって、着たままで乾かすこともあったが、焚火ができないこともあるので、着替えた方が快適だ。着替えは長袖に薄めの長ズボン、少し厚めの靴下があるといい。

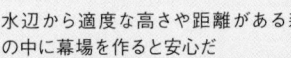

2枚のタープを隙間ができるようにつないで張る。この間を熱と煙が抜けるので下の真ん中で焚火をすることができるのだ

タープの張り方バリエーション

斜めに張る片張り方式

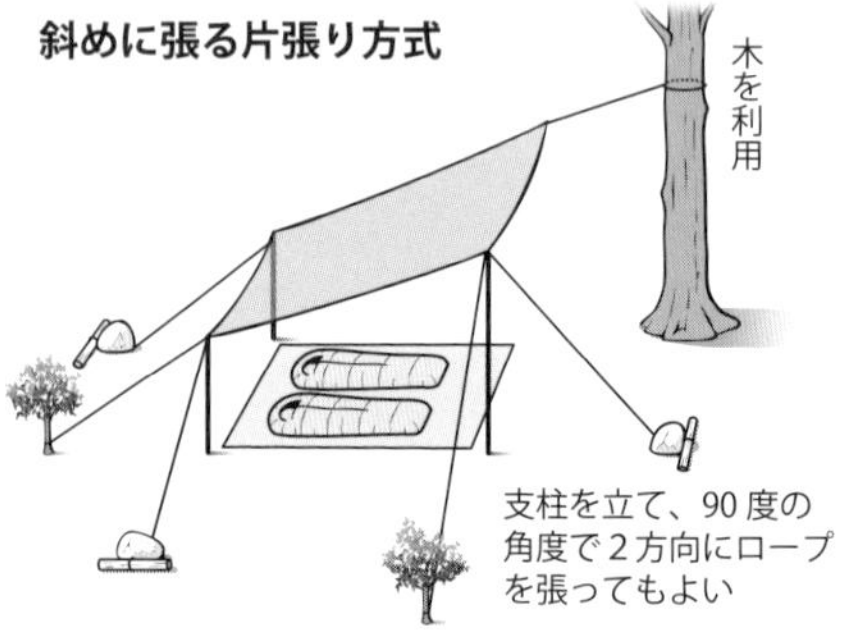
木を利用
支柱を立て、90度の角度で2方向にロープを張ってもよい

雨などが溜まらないように斜めにするのは一般的な張り方の一つ。高い側は木などを利用してもよいし、地形的に高くなっている場所にロープを張ってもよい。支柱を立てるのも手だ

タープ2枚を使う方法

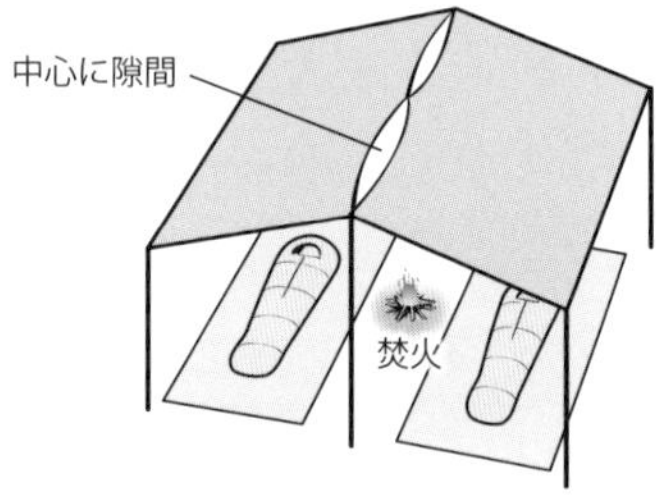
中心に隙間
焚火

2枚のタープを隙間ができるようにつなぎ、家型に張る。こうすると、中で焚火をしても煙が逃げるので雨の日を快適に過ごせる。焚火が大きくならないように薪を小さくしておくとよい。タープも高く張らないと燃えてしまう可能性があるので注意

タープの中心に支柱を立てる方法

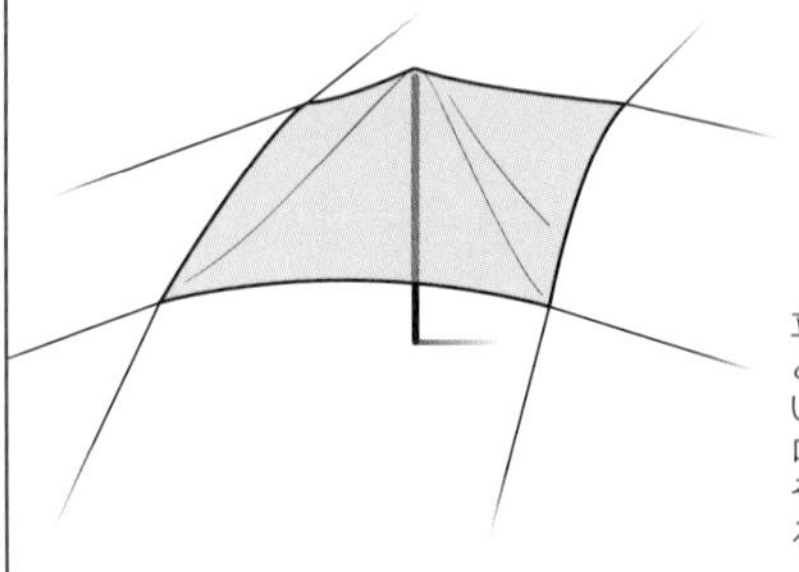

中心に支柱を立てて雨水が溜まらないようにする方法もある。この場合、タープが傷つかないように支柱にタオルなどを巻くか、枝付きの木等を利用する

「瀬畑ハウス」の例

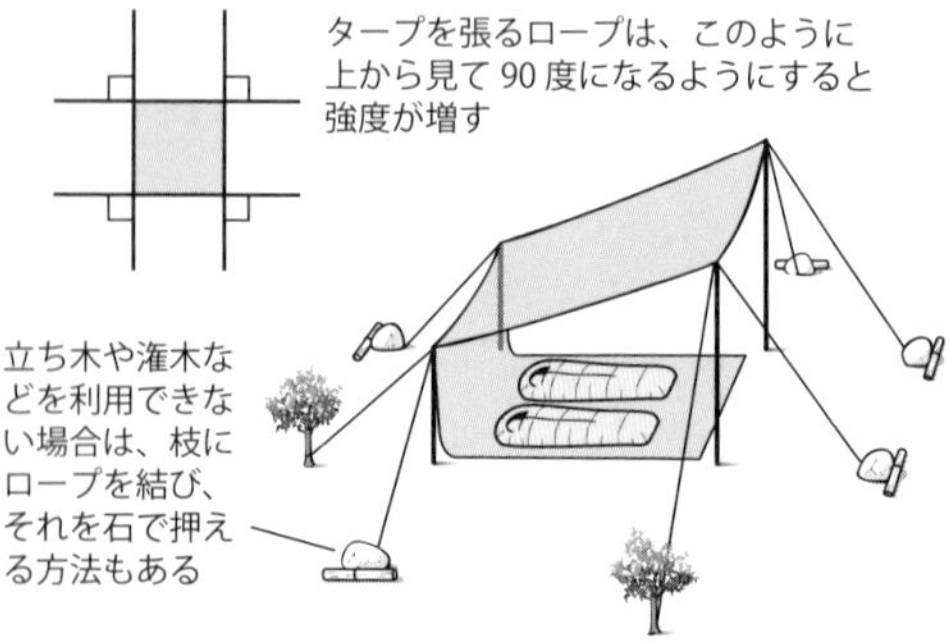
タープを張るロープは、このように上から見て90度になるようにすると強度が増す
立ち木や潅木などを利用できない場合は、枝にロープを結び、それを石で押える方法もある

ブルーシートを折り曲げて屋根と床に使うので、その方向からは雨風が侵入しない。大人数の場合は2枚のブルーシートをつなげて張ることもある

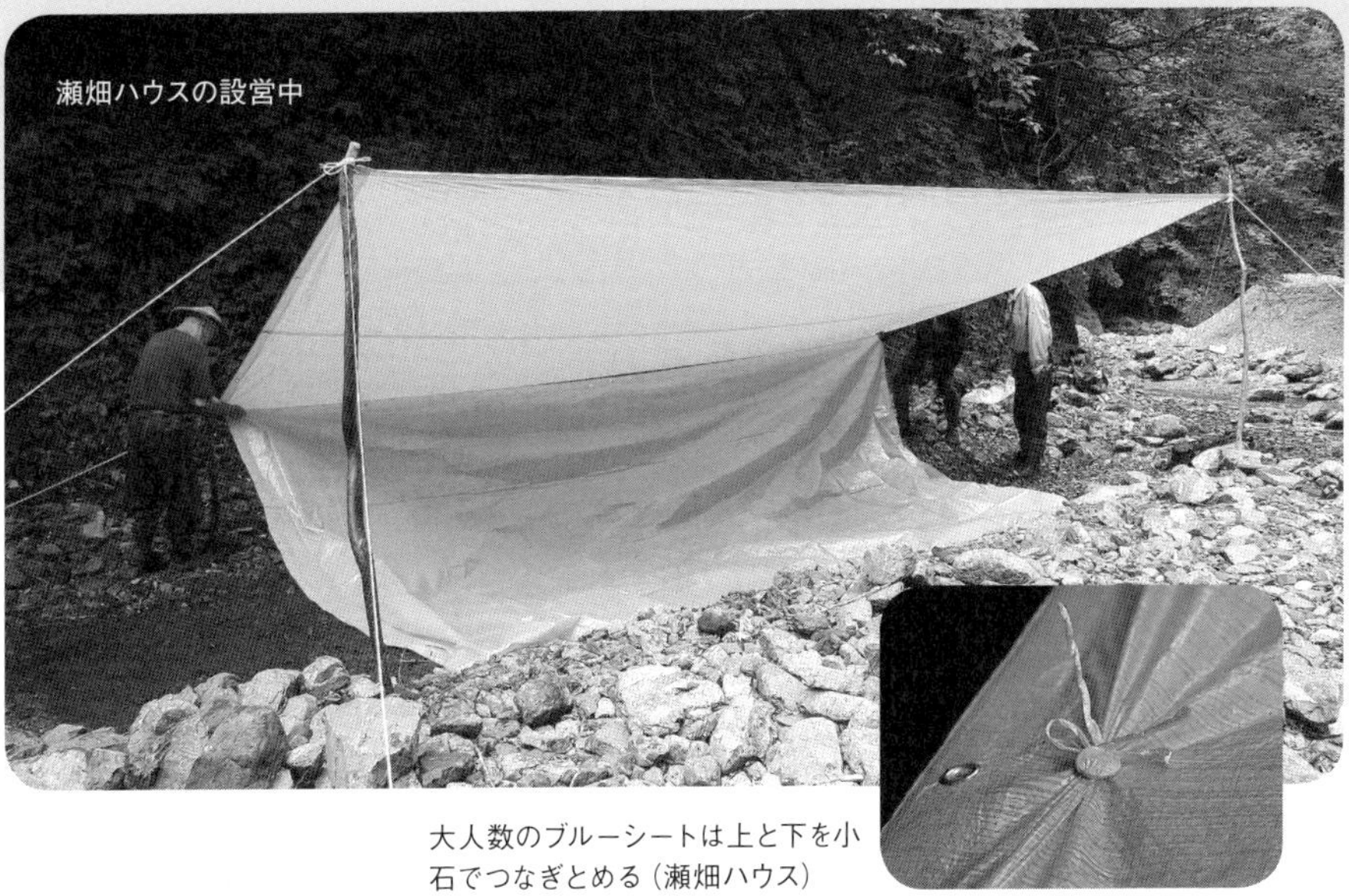

瀬畑ハウスの設営中

大人数のブルーシートは上と下を小石でつなぎとめる（瀬畑ハウス）

インクノット

A

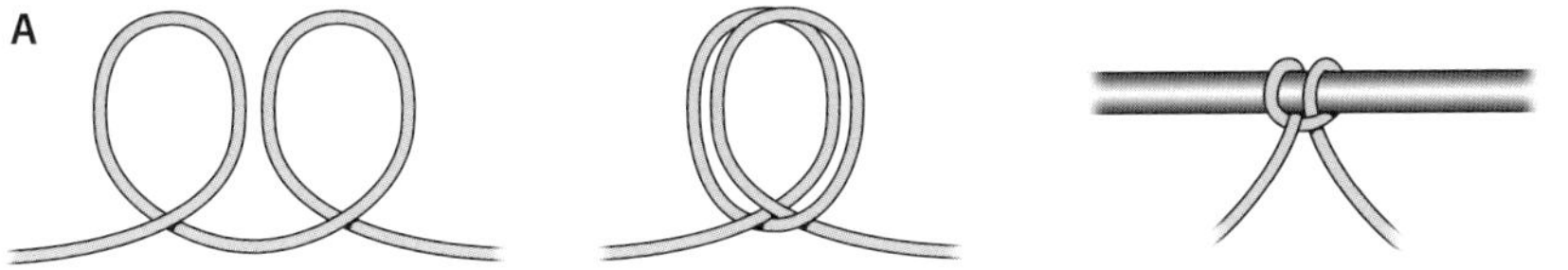

① ロープで２つの輪を作る

② 図のように輪を重ねる

③ 輪が二重になった部分に棒やカラビナを入れて締める

B インクノットの応用で、穴の開いていないシートにロープを結べる。まずシートに石を入れて包み、その凸部の根元をインクノットで縛る。てるてる坊主の頭のような感じだ

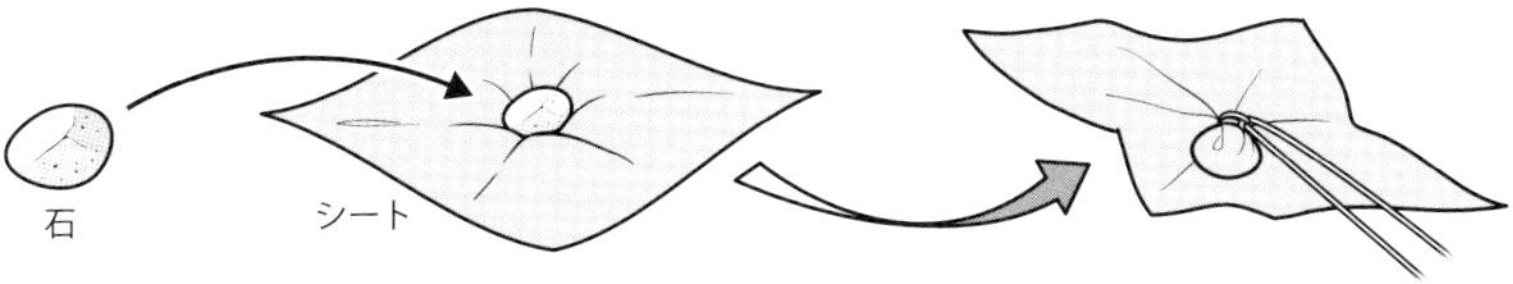

C 瀬畑ハウスでブルーシートを２枚使う場合

まず上側のブルーシートを普通に張り、そこに下側のブルーシートを一部重ねる。その重ねた部分に下から石を数ヵ所押し当て、上部にできる凸部をインクノットで縛る。ブルーシートには端に穴が開いているが、そこで普通に結ぶと隙間ができる。それを防ぐためのアイデアだ

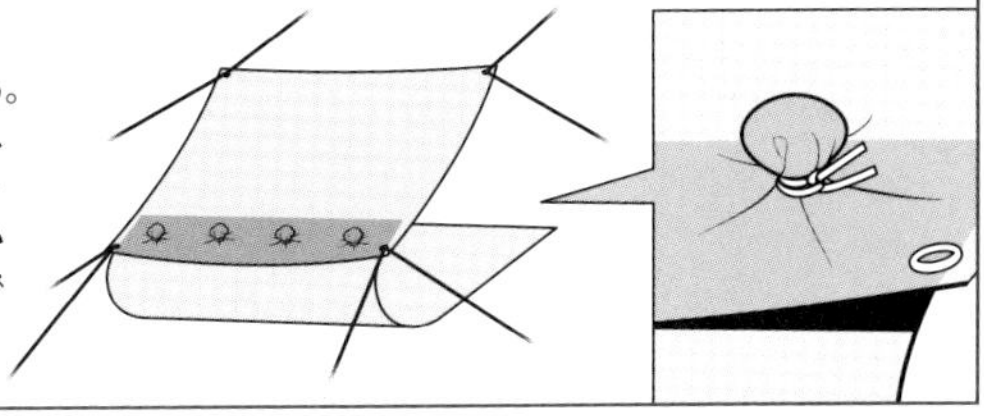

寒がりの人や、春先、秋口は小さく畳めるダウンの上下を携行すると暖かく過ごせる。焚火の火の粉が当たると穴が開いてダウンが出てしまうので注意しよう。また、ダウン製品は濡れに弱いので、化繊タイプの上下のほうが源流では使い勝手がよいかもしれない。

足元はサンダルが動きやすくて快適。素足で履くと足の指の爪を傷めたり、虫に刺されることがあるので靴下を着用したい。また、軽くて薄い運動靴があると、いざという時に役に立つ。

寒い時は雨具を着ればよい。着替えはできるだけ必要最小限を心がけて荷物を軽くしたい。

暗くなる前にヘッドランプを用意しておくこと。ヘッドランプのことを略して「ヘッ電」ともいう。最近はLEDを使った省エネで、軽くて明るいものが主流になっている。予備電池は必ず携行するようにする。小型の電気ランタンも軽くて荷物にならない製品がある。ランタンが1つあると夜の作業が楽になる。昔ながらのロウソクもいいが、炎に虫が飛び込むと燃え尽きるのが早くなる。ロウソクを携行する場合は、多めに持つこと。

夏の渓流の夜に虫はつきものだ。広々としたタープの下でも蚊取り線香の効果はある。できるだけ風上に、かつ周囲に何本か置いておくと風向きが変わっても煙が回るので効果的だ。蚊取り線香はビニールパック等に入れて湿気らないようにして持って行く。また虫除けスプレーもあるととても重宝する。いざ虫に刺された時は、キンカンなどのかゆみ止めを幹部に塗るとよい。キンカンは肩こりや筋肉痛、ヤマビルにも効くので持参して損はない。

山では天気情報を得るのにラジオがとても大切なアイテムになる。薄くて軽いラジオを持っていこう。自分が行く山域のラジオ局などをあらかじめ調べておくとよい。また、何時に気象通報をするのか覚えておくこと。今では山ラジオといった山域から電波検索できる便利なラジオもある。

快適に寝るためには

寝る時は、マットの上でシュラフ&シュラフカバーに入って寝るのが一般的。マットにはいろいろな種類がある。エアマットは、多少石などがあってもゴロゴロ感がなくなるので快適だ。しかし、焚火の火の粉が当たると穴が開いてしまうという欠点がある。エアマットを使う時は、焚火と寝床を離すこと。また、全身用は大きくて重くなるので、半身用あるいは3／4サイズのものを選ぶとよい。

タープの下でシュラフとシュラフカバーで寝る

天気が安定していれば大丈夫な幕場の例。設営の判断は経験値に応じて！

日が暮れたらヘッ電は必需品

銀マットは幅1×長さ2m前後の薄型が小さくできるのでおすすめ。私の場合、残雪が残る時以外はほとんど折り畳み式の銀マットだ。薄い銀マットで石のある場所に寝ると石が身体に当たって痛いが、森の中の平地スペースでは問題なく使用できる。

シュラフはなるべく小さくできて軽いものを選ぼう。夏用か春夏用の薄いダウン製品が暖かく、源流には適している。ただし濡らすとベッタリしてしまうので防水には気を遣うこと。必ずシュラフ単体をビニール袋に入れてザックに入れるように。

濡れるのをあまり気にせずに使えるのが、化繊タイプのシュラフである。最近の製品は、化繊タイプでも小さくて暖かいものが出回っている。

シュラフにはシュラフカバーを被せて使う。暑ければシュラフカバーだけでも寝ることが可能だ。シュラフカバーは防水透湿性の高い製品が適している。これもできるだけ小さく軽いものがベスト。

寝る時の虫除けは、蚊帳がない場合は防虫ネットを被るとよい。シュラフに完全に潜ってしまうという手もあるが、これは結構息苦しい。場所によっては防虫剤を顔や首に塗り、顔を出して寝ることもある。少し重くなるが、ビビィサックという防虫ネットが付いた1人用の自立型シュラフカバーもある。

焚火は調理と暖房を兼ねる

焚火の第一歩は幕場到着後、
河原を歩いて薪集めから

まずは食糧計画から

山に持参する食べ物の量は、初めての場合、どれくらい持っていくべきか悩むはず。例を挙げると、1人分の米は夜と朝に食べるとすると、1日平均2合くらいが適量である。あまり食べない人なら1日1・5合でもよい。複数の場合は、人数に合わせて1人1泊2合で計算し、泊数分をビニール袋に小分けして持っていく。

おかずは、以前はレトルト食品などを多く持っていったものだ。私の場合、最近は単品の調味料を多く持つようにして、なるべく出来合いの食料や合わせ調味料を持たないようにしている。そうすることで調理も楽しくなる。調味料が充実していると、山の恵みの山菜やきのこが採れた時に料理のレパートリーも広がる。少しずつ多種類を持つようにするとよいだろう。ただし、軽量化のために余分な量は持たないように。

サラダ油は、口がしっかりと閉まる小さなペットボトルに移し替えて持つ。天ぷら粉や小麦粉もジッパー式の袋などに小分けにする。

肉類は生のままでは腐ってしまうので、加工肉に頼るか、事前に味付けしておくこと。加工肉として

焚火は夜を演出してくれる

は、ベーコンやチャーシュー、ソーセージなどが中心になる。

野菜はピーマン、ナス、玉ネギ、長ネギなどがあれば野菜炒めが簡単にできる。天ぷらにもできるし、腐りにくいので便利だ。野菜は新聞紙などにくるんでからビニール袋に入れるとよい。

山の食料は、1人ならなんとでもなるものだ。しかし人数が増えるとそれだけ大変になってくる。そこで、たいていは食料担当として1人を任命することになるのだが、料理が大好きな人ならともかく、そうではないケースも多い。

不幸にしてメンバーに料理の達者な人がいなかった場合、米は各自で泊数分を用意してもらい、1泊につき1品くらいの料理を考えてもらうとよい。その料理を作る食材の購入も各自に任せてしまおう。それを泊数と人数によって割り振る。たとえば1泊で1人、あるいは2人といった具合に料理担当を決める。料理があまり得意ではなくても、1泊分の食事だけならなんとかなるものだ。

さらに、酒が好きな人が多いパーティーなら、おすすめのつまみなども1人1品持ち寄る。そうすることで自分が持つ食料の分量も考えられるし、料理も単調になりにくい。

焚火の確実なおこし方

調理をするのに最低限必要なものは、なんといっても火だ。火があればフライパンなどなくても肉は焼けるし、木の葉で包めば蒸し料理も可能だ。火さえあれば、アイデア次第で温かい料理を確保することができる。

源流では流木が豊富にあるので、禁止された場所でなければ焚火をメインの火に使うという考え方がある。焚火は暖も取れるので、源流ではとてもありがたい存在なのである。雨が降っていてもタープがあれば焚火は可能だ。また、ガスのストーブなどを持参する場合でも、燃料を節約できるのでいざという時は頼りになる。

ただしもちろん焚火の扱いには注意が必要。山火事などの原因にならないように、後始末はしっかりしたい。後から訪れる人が気持ちよく過ごせるように配慮も必要だ。

焚火をメインとするなら、補助の火としてはガスバーナーが軽くてよい。ボンベは通常のタイプが1缶あれば、ほとんどの場合間に合うはずだ。

ガスバーナーを使うと便利な料理は、たとえば火力を調節しなければならない天ぷらや空揚げなど。また、フライパンを使った炒め物もガスバーナーがあると楽だ。それ以外にも、行動中にラーメンや素麺をゆでるなど、手早く調理したい時に活躍してくれる。

焚火の薪集めは、幕場を作り終えた後にするとよい。人数が多ければ、幕場作りの人と薪集めの人を分担して作業すれば、時間のロスがなく効率よくことが進む。また、長いスリングを持っていると、多量の薪を1つにまとめて運ぶことができるので非常に便利だ。

薪を集める量は、焚火の仕方でも違ってくる。1泊で使う分量の目安を感覚で覚えておくと、無駄な量の薪を集めなくてすむので時間と労力の軽減につながる。

集めた薪は、太さによって分けておくと使いやすい。そして長さをノコギリで切りそろえておくと、きっちりとした焚火ができる。1つのパーティーに1本ノコギリがあると、木の加工や幕場の切り開きに使えるのでとても便利だ。

焚きつけに使うのは小枝。小枝の多い枯れ木から、ひとつひとつ丁寧に小枝をつまんで集める。両手いっぱいになるくらいの小枝を集めると、焚きつけの失敗が少なくなる。さらに小枝の次にもう少し太め

●焚火のおこし方

拾ってきた薪は太さごとに分けておく

木の枝を並べて置いた真ん中に着火剤を置いて火をつける

火をつけた着火剤の上に小枝の束を乗せる

火が枝に移ると煙が出るので、それを見計らって少しずつ太い枝を乗せていく

さらに太い枝を乗せていく。下側の薪を崩さないように注意。火が見えなくても煙がもうもうと出てきたら大丈夫だ

の枝、それよりも太めの枝と3種類くらいの太さの枝を分けて集めておく。

焚火をおこすには、燠《おき》になる太い木を4本くらい並べた上で行なう方法がある。地面から直接火をつけ始めても特に問題はない。ただし、上に乗せていく木の方向は川に対して垂直になるようにする。川に対して平行にすると、風の影響で片側だけに火が寄ってしまうからだ。垂直にすると薪に当たった風が両側に流れるので、まんべんなく火が回る。そして、ゆっくりと長く燃え続けてくれるのだ。

地面から火をつける方法もある。この場合、まず中くらいの枝を1、2本、川と平行になるように置く。2本の場合はその間に、1本の場合は片側に焚きつけ用の火種を入れる。火種は固形燃料や着火剤、ガムテープなどで、これらにライターで火をつける。火種の持ちがよいと火つけの失敗が少なくなる。

火種が燃えてきたら、小枝を川と垂直になるように、火種の上に両手で固めるように置く。下に中くらいの枝を置いたのは、小枝が火種を圧迫しないようにするためである。小枝を置いたら、その次に少し太い小枝を乗せ、その上にもう少し太い枝を乗せるといった具合に、だんだん太くなるように薪を乗せていく。

最初は白くて薄い煙が出る。完全に火がつくと、モクモクと太い煙が立ち上がるようになる。そうなったら火つけは終了。コツをいうと、湿った木は小枝の量を多くして火種の持ちを長くすることと、火がしっかりとつくまで何もしないこと。順番どおりにすれば、後は放っておいても火はオートマッチックで燃え上がる。

調理のための準備

焚火を使って調理する時は、まずしっかりとした木を斜めに焚火の上になるように石などで固定する。その木にアルミや銅の針金を掛け、ビリーカンや飯盒を吊り下げるとよい。こうすると、直接木の上に置くよりも安定する。火が燃えていくと薪が突然崩れたりするが、そのような時にコッフェル（野外で使う鍋類）が倒れて中身が台無しになる心配がない。そのうえ針金の長さを調節することで、火加減を変えることが容易になる。針金を使った自在鈎だと思ってもらいたい。

木を斜めに固定する以外には、3本の木の上部に針金などを巻きつけて固定し、三脚の要領で広げて使う方法もある。これなら火の強さに応じて取り外しが可能になる。

こんな感じで焚火の斜め上に木を出しておく。根元側はしっかりと石などで固定し、針金を掛けると調理の準備の出来上がり

自在鈎を作らない時は、コッフェルを薪の上に乗せる前に、新しい薪を数本置く。そのうちの2本が平行になるように調節してコッフェルを乗せると安定する。ほかには薪の上に金網を乗せる方法もある。

焚火で意外に多くの人が行なっているのが、石で囲う方法である。ブナの段丘に切り開かれた幕場に、わざわざ河原から石を持ち上げてカマド風に作ってあったりする。

この方法は、木をくべる度に炭が中に溜まって風通しが悪くなり、燃えにくくなるのでおすすめできない。そのうえ次に来た人は、使い古されたカマド風の物体に炭や灰が埋まって汚らしくなっているのを目にすることになる。私はそのような焚火跡を見つけたら、石組みを崩し、溜まった灰などを広げてから新しい焚火をするようにしている。ちなみに、そんな焚火跡を崩すと中はごみの山だったりすることが多い。

美しい焚火をするには、石を組まず、燃やした木がきれいに燃え尽きるようにすることが肝心である。そして、食料に使われているアルミ箔などは熱で分解しにくいので、そういったパッケージ類は燃やさないようにするか、焚火が消えてから出して持ち帰るようにしたい。

失敗しない ごはんの炊き方

おいしく炊けたごはんは、源流釣りでは何物にも代えがたい

焚火で炊く場合

水が豊富に使える源流では、生米が主食となる。源流でアルファ米（乾燥ごはん）というのは、少々寂しい。アルファ米は、米を炊くのが難しい高所登山や雪山でこそ活躍するものだ。源流ではぜひ米を美味しく炊いて食べたい。

昔は米といえば飯盒で炊くのが定番だったが、最近は入れ子になっていて吊り金具が付いているコッフェル＝ビリーカン（焚火缶）で炊いている。2合なら小ビリーカン、3合なら中ビリーカン、5合なら大ビリーカンが目安だ。

米を水で研いだら、30分以上は水に浸すことが大事。浸す時間が短いと硬いごはんになりやすい。水の量は、焚火で炊く場合は多めが基本。ガスバーナーなどで炊く場合は米の量に対して1割増しが基本だ。米1合に対して約200㏄の水の量である。焚火の場合は、5割増しの水の量でも少ないくらいだろう。10割増しだと多いかもしれないが、5～7割増しの水の量でいい。

なぜ水の量が多くてよいかというと、焚火の火力はとても強いからだ。そして沸騰すると余分な水分が外にこぼれ出る。

●ごはんの炊き方のコツ

米を研いだら水を入れる。焚火で炊く場合は多めでよい。ガスバーナーで炊く場合は、米にまっすぐ指を立てて入れた状態で、第1関節が水面にくる量が目安

焚火で米を炊く時は、火がガンガンに出ている状態で炊く

木の枝と針金を利用したごはん炊きの例

沸騰する前にふたに石等で重しを乗せる。枝などをふたに付けて、水が沸騰する振動がなくなったら火から下ろし、焚火の近くで蒸らせば完成

水がなくなる瞬間は音と手応えで聞け

米の炊き方の基本として、よく「はじめチョロチョロ……」といわれる。だが火力が強い焚火では気にしなくてよい。ビリーカンの中の水気がなくなった瞬間が、火から下ろすタイミングである。水が少ないと、強い火力で水気が早くなくなってしまうの

で、硬いごはんになってしまう。「多めの水＋強い火力」で炊く場合、沸騰した水の中で米が対流しながら水分がなくなっていく。その結果張りがあって、ふっくらしたごはんに炊き上がるのである。

水がなくなる瞬間を見極めるには、音と手応えで聞く。木の枝や箸を使ってビリーカンのフタを上から押えると、グツグツと手に米が動く手応えが伝わってくる。そのグツグツが小さくなって、スーッと消えた瞬間こそ、水気がなくなったタイミングだ。

ここですかさず火からビリーカンを下ろしたら、火の近くに置いてしばらく蒸らす。自在鈎を使っている場合は、一番上まで上げて蒸らす。この蒸らしこそが米を立てるのである。炊いたごはんをすぐに食べようとすると、まだ水気が多くてグチャグチャしている。そのタイミングでフタを開けてみて「グチャグチャだな」と思っても、しっかり蒸らせばシャキッとするから不思議である。蒸らす時間の目安は15分くらいだ。

ガスバーナーで炊く場合

ガスバーナーの米炊きでも焚火の方法を応用すればいい。水量がもともと少ないのだから、沸騰した後はなるべく吹きこぼさないように火力を調節する。音を聞いて火から下ろすタイミングを知るのは同じ要領。音が消えたら、バーナーから下ろして蒸らす。

水加減を手っ取り早く知るには、まずコッフェルに米と水を入れた状態で人差し指をまっすぐに入れる。この時、米に指先が触れた状態で、水が第1関節にくるくらいが適量となる。

ガスバーナーで米を炊く場合、コッフェルの選択も重要だ。軽さを重視したチタン製コッフェルは、炎が当たった場所が特に熱くなるので、米を炊くと焦げやすい。それに比べてアルミ素材のものは熱が全体に回りやすく、焦げにくい特徴がある。

最近では、チタン製でも熱が伝導しやすいようにアルマイト加工を施してあるコッフェルが登場している。チタン製のコッフェルで熱を回したい時には、バーナーの上に金属のメッシュ状の網を置く手がある。熱がまずメッシュ全体に伝わるので、コッフェルの一点に熱が集中するのを防いでくれるのだ。商品として市販されているので、チタンコッフェル派の人にはおすすめである。これでガスバーナーでも焚火でも、ごはん炊きに失敗しなくなるだろう。

ごはんさえうまく炊けたら、おかずなどなんでもかまわないのが源流メシである。ふりかけだけでも充分なおかずになる。渓の翁こと瀬畑雄三さんは、ごはんのおかずに青唐辛子とショウガ、ミョウガ、ニンニクなどを醤油漬けにしたものを作っておき、それをおかずに食べている。

最後に、炊きたてのごはんで作った一番ぜいたくな食べ方は、塩おにぎりに違いない。実は以前、翌日の昼食用に作ったおにぎりを、ついつい酒のつまみにして食べてしまったことがある。

ごはんが美味しく炊けさえすれば、おかずも一段と美味しくなること間違いなし！

山の恵みをいただく

釣ったイワナや、遡行の合間に採った山菜は自然に感謝して頂きたい

山菜の見分け方とマナー

減流釣りの食材は、下界から持ってきたもののほかに、現地で釣ってキープした魚や、採取できる山菜、きのこ等、山からいただいた自然の恵みを料理して食べるのが楽しい。

源流の幕開けとなる5～6月は、山の芽吹きが始まる季節。それは同時に、樹木の新芽や土の中から出てくる山菜のベストシーズンでもある。山菜ベスト3といえば、ウド、タラの芽、ワラビといわれるが、ほかにも多くの種類の山菜がある。土から出る山菜の代表格は、ウド、ワラビ、ミヤマイラクサ（アイコ）、ウルイ（オオバギボウシ）、モミジガサ（シドケ）、ミズ（ウワバミソウ）、フキノトウ、フキ、ギョウジャニンニク、タケノコ（ネマガリタケ）、ゼンマイなど。ただし、ゼンマイは食べるのに手間が必要で、ゼンマイ採りを生業としている人がいるので採取は控えるようにしたい。

山菜が生えている場所は、植生別に見ると分かりやすい。ミズ、モミジガサ、ウルイ、ミヤマイラクサは、どちらかといえば湿気の多い場所を好むため、水がしみ出しているような斜面に群生している。ミヤマイラクサは、ブナの森の中にも多く見られる。

ウドやワラビは日当たりのよい斜面（河原の土手など）によく生えている。川岸で見られるのはフキノトウやフキだが、フキノトウは残雪が融けた個所で見つけやすい。

ギョウジャニンニクは日当たりのよい湿気のある広葉樹の森の中や、低灌木の斜面に群生することが多い。また、猛毒のスズランと一緒に生えている場合があるので注意したい。ギョウジャニンニクの茎は赤い色をしているが、スズランは青いので見分けやすい。切った部分を嗅ぐと、ニンニク臭がすることでも見分けることが可能だ。たまに猛毒のコバイケイソウと間違える人がいて、中毒事故になっている。コバイケイソウは、葉に深いヒダがあることと、茎が青いことで見分けがつく。

コバイケイソウはウルイと間違えられることもある。ウルイとコバイケイソウは、葉の硬さがウルイのほうが柔らかく、葉の出方がウルイは枝分かれせずに同じ場所から出ることで見分ける。

タケノコはネマガリタケの群生の中に出る。採取する時は、斜めに生えていることが多いので、斜め反対方向に曲げることで根元から簡単に折れる。

ほかにはニリンソウ、カタクリ、ヨブスマソウも食べられる。ニリンソウは猛毒のトリカブトと間違えやすいが、白い花が2輪付いたものを採取することで間違えることはない。カタクリは紫の花と葉、茎まで食べられる。ヨブスマソウは香りが独特だ。

樹木や蔓の山菜の代表格は、タラの芽、コシアブラの芽、ヤマブドウの新芽、木の芽（ミツバアケビの新芽）がある。タラの芽は、1本の木に1芽しかない場合は採らない。それを採ってしまうと木が枯れてしまうからである。必ず1本の木に1芽を残して採ること。大きくなったタラの芽は、真ん中の新芽や枝先の柔らかい部分だけを採れば食べることができる。コシアブラは芽が小さすぎると食べにくく、大きすぎると硬くなるので、芽の開き初めから少し開いたくらいが食べ頃だ。

ヤマブドウの新芽は赤く、テンプラにすると、酸っぱい香りが口に広がって爽やかである。木の芽は蔓の先端の部分を15～20㎝採取する。3枚葉になっているので、5枚葉のアケビと間違えることはない。細いので多く採取するのは大変だが、杣道の脇に蔓が絡まっているような場所では、簡単にたくさん採れる。

ほかには、ハリギリの新芽、ヤマウコギの新芽、タカノツメの新芽がある。ハリギリはタラの芽に似ているが、棘が大きく、芽がフカフカしていて、形が円錐形をしている。タラの木の中には棘がほとんどないものもあり、ウルシの木と間違えやすい。ウルシと間違えないように、棘のある木からだけ採取すれば安心だ。

短い期間しか味わえない旬の山菜は、その場で食べるのがとても美味しい。山菜を採取する時は、食べる以上に多く採らないことが植物の保護になるので、マナーとして身につけておきたい。

きのこは春も出る

きのこは秋のものだけではない。春に出るきのこもある。その代表格がヒラタケ、シイタケである。ヒラタケやシイタケは、ナラの木の倒木に出る。渓でナラの木の倒木を見つけたら、よく見てみよう。シイタケは嗅いでみるとシイタケそのものの臭いがする。ヒラタケは茶色、白っぽい色、黒っぽい色など環境によって多少色は変わるが、シイタケのような柄がなく、下にヒダが放射状に広がるので分かりやすい。また、秋は毒のあるツキヨタケと間違えやすいが、ツキヨタケは表面に細かい黒い点があり、付け根を割ると黒くなっているので注意したい。

秋のシイタケとツキヨタケの見分け方は、シイタケは柄が立ち、ツキヨタケには柄がないので見分けやすい。秋のナラの木の倒木にはナラタケ、ブナの木の倒木にはナメコ、ブナシメジ等が出る。ミズナラの木の根元にはマイタケが生えていることもある。見つけたらラッキーである。

魚は水で洗わない

釣った魚は、ビクや網袋で活かしておけば新鮮な状態で食べることができるが、高巻がある時はそうはいかない。したがって、釣りあげたら石などで頭を叩いて締め、内蔵とエラを外して塩をまぶしてペーパータオル等に包み、網袋やビニール袋に入れて持っていく。

活かしておいたイワナを料理する時は、頭を叩いて締めた後、腹に切れ目を入れて内蔵を取り出し、指で血合いを取り除き、エラを外す。その後、つい水で洗いたくなるが、手ぬぐい等で血を拭き取るだけにする。特に刺身にする時はそうしたほうが、身が水っぽくならず美味しい。塩をしておいた魚も同様に洗わず料理する。ちなみに、骨酒を楽しみたい時は小振りのイワナをキープして、カラカラになるまで素焼きにする。

せっかく釣った魚だけに、美味しく食べる方法を知っていて損はない。

山菜・きのこ図鑑

山の恵みは乱獲を慎み、採り間違いには
くれぐれも注意して楽しみたい

●山菜（地面に生えているもの）

ミヤマイラクサ
（アイコ）

ウド

オオバギボウシ
（ウルイ）

葉が開き始めた状態のオオバギボウシ

ワラビ

伸びたワラビ
この程度ならまだ食べられる

モミジガサ
(シドケ)

モミジガサの葉

ウワバミソウ
(ミズ)

フキノトウ

ギョウジャニンニク

フキ

●山菜（樹木や蔓などの芽）

タラの芽

ネマガリタケ
（タケノコ）

タラの芽
伸びたタラの木は
真ん中の
柔らかいところを
採る

コゴミ

コゴミの
群生
ここまで伸びてしまうと
食べられない

コシアブラ
の新芽

コシ
アブラ
（開いた状態）

ワサビ

●きのこ

ヒラタケ

倒木に生えたヒラタケの群生

ヒラタケは春と秋に出る

ミツバアケビ（木の芽）

ヤマブドウの芽

ごはんとお酒が止まらなくなる

絶品山菜料理レシピ

ウド

ウドとイワナの刺身の味噌和え

ウドのごま味噌和え

収穫したウド

（料理の手順は次頁）

茎の白い部分をみじん切りにし、イワナの刺身と味噌で和える（ウドとイワナの刺身の味噌和え＝前頁）

①ウドは料理に応じて切り分ける（芽の部分はテンプラにするとよい）

②茎を細切りにする

③細切りにしたウドをさっと湯がく

④湯がいたウドを湯切りする。ごま味噌で和える（ウドのごま味噌和え＝前頁）

ワラビ

ワラビのおひたし

ワラビをコッフェルに灰と一緒に入れて熱湯を注ぎ、石で重しをしてアクを抜く

収穫したワラビ

アイコ

アイコのソーセージ炒め

アイコと玉ねぎスライスの卵とじ

切り分けたアイコをフライパンで玉ねぎスライスと甘辛汁で卵とじにする

③茹であがったアイコの茎を適当な長さに切り分ける。 このまま、おひたしでも食べられる

②茎を軽く茹でると棘がなくなる

①収穫したアイコは葉を取り除いて茎だけにする。棘にシュウ酸があるので、軍手等で収穫し、下ごしらえする

ウルイのおひたし

茹でたウルイを適当な長さに切り、マヨネーズ味噌やおかか醤油でいただく

⑤茹でたウルイを湯切りする

③下処理をした状態

①ウルイは葉を切ったら、袴（はかま）を外す

④ウルイをさっと茹でる

②袴を外したら両脇の筋を引く

シドケ

シドケのおひたし

茹であがったシドケを
切り分けてマヨネーズ
や酢味噌でいただく

収穫したシドケ

②茹であがったら水気を絞る

①シドケを軽く茹でる

ミズのおひたし

ミズ

収穫したミズは葉を取り、皮をむいた茎を好みの長さに切って茹で、色が鮮やかになったら冷水に浸して熱を取り、水を切っていただく

フキノトウ

フキノトウのテンプラ

②フキノトウをテンプラにする

①フキノトウは花が黄色いメス花だけを採る。白いオス花は苦味が強い

フキ味噌

フキノトウを刻んで油で炒め、味噌と酒を加えて水気がなくなるまで焦がさないように炒めれば、フキ味噌の完成

フキ

①収穫したフキは葉を取る。板の上で塩で転がしながら板擦りする

②板擦りしたフキを茹でて、水にさらしておく。筋を引き、適当な大きさに切って、酒と醤油で煮ればきゃらぶきの出来上がり

きゃらぶき

ギョウジャニンニク

ギョウジャニンニクチャーハン

細かく刻んだギョウジャニンニクとハムを炒め、ごはんを加えてさらに炒める。塩、胡椒、醤油で味を調えれば出来上がり

適当な大きさに切って牛肉と炒める。醤油と胡椒で味を調えれば、ギョウジャニンニクと牛肉炒めの出来上がり

収穫したギョウジャニンニク

ギョウジャニンニクと牛肉炒め

コゴミ

コゴミのキムチ和え

コゴミは軽く茹でる。湯切りをして、マヨネーズやキムチの素で和えていただく

コゴミのマヨネーズ和え

タラの芽のテンプラ

タラの芽

収穫したタラの芽

コシアブラ

コシアブラのテンプラ

左がコシアブラ、 右はウドの先端部

収穫したコシアブラは袴を取り除いておく。細かく刻んだコシアブラを油で炒め、酒、砂糖、醤油で甘辛煮にする。炊き立てのご飯と混ぜればコシアブラ飯の出来上がり

コシアブラ飯

木の芽

木の芽の卵のせ

木の芽は茹でたらしばらく水に浸けておく。適当な長さに切り、生卵や温泉卵を入れて醤油でいただく

収穫した木の芽

ヒラタケとうどんと鶏肉のスープ

ヒラタケ

収穫したヒラタケ

ヒラタケは煮る、焼く、炒める、さまざまな調理法で楽しめる。汁物にすれば出汁もよく出て身体も温まる

イワナの刺身丼

ごはんは酢飯にすると美味しい（イワナの下ろし方はＰ64参照）

イワナの刺身と握り

イワナフライ

イワナフライを揚げる

イワナのあらの空揚げ

刺身にして残ったイワナのアラは、 頭を半分に割り、骨を小さく切った後、塩、胡椒、醤油で漬け込み、小麦粉をまぶして油で二度揚げする

服部文祥君のイワナのムニエル丼

服部文祥君のムニエル丼は、皮付きのまま３枚に下ろしたイワナに塩を振ってしばらく干しておく。ニンニクをスライスし、少量の油でニンニクとイワナを焦がさないように焼き上げ、 炊きたてのごはんに乗せれば出来上がり

イワナの塩焼きにかぶりつく。美味い！

イワナの焼き枯らし

イワナの内蔵とエラを取り除き、焚き火の上で一晩焼き枯らす

イワナの塩焼き

内蔵とエラを取り除いたイワナをネマガリタケの櫛に刺し、焚火で焼く。遠火のほうがきれいに焼ける

イワナの下ごしらえ

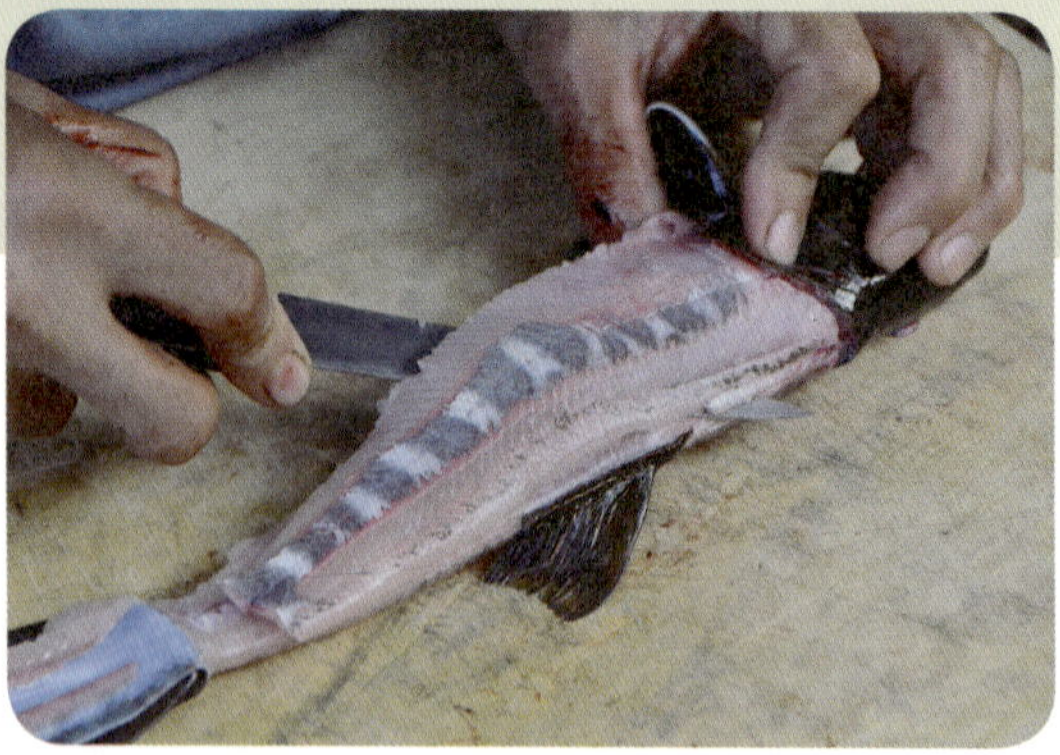

②イワナの身を３枚に下ろす

①イワナの内蔵を取り除き、皮の上下とエラに沿ってナイフで筋を入れた後、背中を半身ずつ口でくわえてイワナの皮をひく

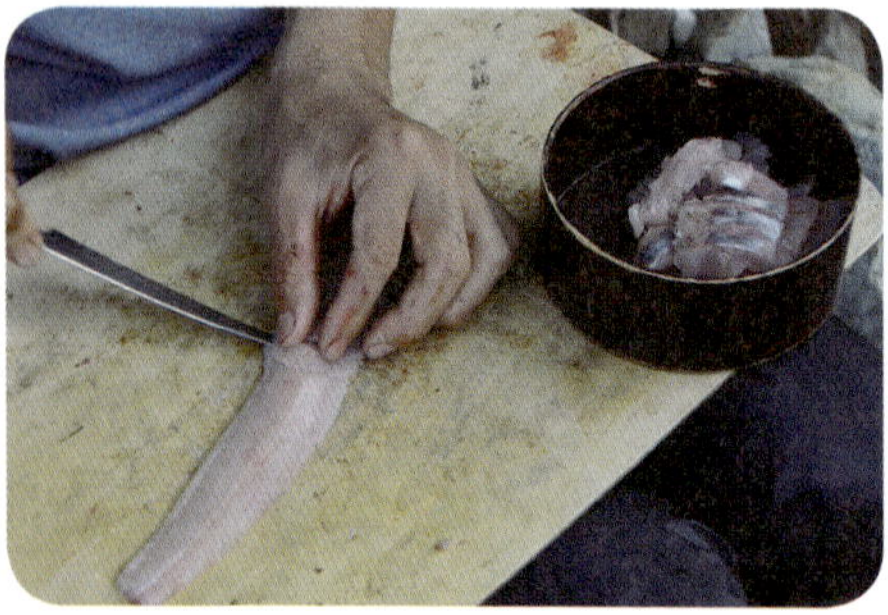

③３枚におろした身をそぎ切りにすれば刺身の出来上がり

④イワナの刺身は、生きているイワナを締め、血を水で洗わずにタオル等でふき取り、下ろしたほうがおいしい

以上のような料理とともに、大宴会に突入。乾杯！

ビールと山菜のテンプラを交互にやると止まらなくなります……（左から、タラの芽、コシアブラ、フキノトウ）

ひょいっと
源流釣り

3章

遡行術

夢の大イワナへ
近づくために

安全に行動するための基本技術

函状の長いトロを行く。徒渉か泳ぎで突破するかは状況次第

歩き方&ヘツリ

源流では、石の河原や岩盤底、淵や瀬、滝などを越えて行かなければならない。時にはヘツリをしたり、泳いだり、高巻くこともある。ヘツリとは岩を横に移動することで、渓では頻繁に行なう。コツは岩から身体を離し、手足4点のうち必ず3点で支える状態を保つこと。そして空いた1点の手なり足なりを動かし、1点ずつ移動する。これは3点支持という岩登りの基本動作だ。岩にしがみついていると視界が狭くなる。次の手・足掛かりも捜せないし、バランスが悪くなるだけである。大胆かつ慎重に行動するのが、ヘツリを含めた岩場での動きなのだ。

ヘツリや濡れた岩を登る時に大切なのが、足のフリクションの利かせ方である。フェルトの摩擦を最大限に利用して滑らないようにするには、なるべく底の接地面が大きくなるように片足を置き、体重をじわじわと乗せていく。最初は滑りそうに感じて早足に次の足を出したり、身体を岩に必要以上に寄せてしまう。そうなるとバランスが崩れて滑りやすくなる。また、両足に体重が乗っていると動くことができない。必ず片足から片足へと体重移動すること。その時にジワリと体重を乗せることができれば、河原歩きもおのずと楽になってくるはずだ。

上手な人の歩き方には無駄がない。上下動を少なくして膝で体重を吸収させ、その反動を利用して次の足を出していく。ヒョコヒョコと左右に揺れているような動きである。縦揺れの動きではザックを担いでいると疲れてしまう。左右に揺れながらも足裏で石を確実に捉えて、体重をジワリと乗せて瞬時にバランスを取っているから、石が多少グラグラ動いていてもコケることなく歩けるのだ。

ヘツリの際は怖がって岩にしがみつくと逆に滑りやすい。身体を適度に離し、3点支持で慎重かつ大胆に先へ進もう

ストックを利用すると意外なほど歩きやすく、頼りにもなる

徒渉

川を徒渉（渡る）したり、泳ぎを必要とする状況も多い。これらを安全に行なえればいざという時に心強い。水の流れは見た目よりも強く、侮ると足をすくわれ流されてしまう。いったん水の中で転んでしまうと、浅い場所でも立ち上がるのはかなり困難だ。重いザックを背負っていればなおさらである。

水の中で倒れてしまったら、仰向けのままの姿勢だと流されやすい。回転してうつ伏せの状態になるように早く身体を動かして姿勢を変えること。

徒渉する時は渡る場所＝徒渉点を選ぶことが大切だ。水の流れを読んで、なるべく浅く、流れの緩い場所を選ぶこと。釣りのポイントでいえば、ヒラキの辺りが理想的。渡る前には必ず背負っているザックの腰ベルトのバックルを外す。付けたままだと、腰まで水に浸かった瞬間にザックの浮力で足が浮き、踏ん張りが利かず、流されてしまう。徒渉時にバックルを外すことは常に心掛けてほしい。

流れに入ったら斜め上流を向き、足で底の状態を探りながらすり足気味に移動する。目線は真下ではなく、少し前を見る。水中に大きな石がないか確認しながら渡るとよい。気づかないとつまずいて転倒

ロープを使った泳ぎの例

増水した流れは強くて濁りがあるので注意が必要。全員の力で乗り越える

泳ぎは流れの強くないところを選ぶ。帽子はつばを後ろに回しておくと視界が確保できる

することがある。この失敗は徒渉では結構多い。

浅い場所の徒渉では、斜め上流に向かって膝で水を割るような感じで渡っていける。だが水深が深くなると、真横か斜め下流に渡るほうが楽になる。水深が腰辺りまで来たら両手を開き、少し上流に身体を預けるような姿勢を取ってバランスを整える。それから横移動するように徒渉するとよいだろう。

その昔、ゼンマイ採りの山人は雪代で水かさが増した川を棒1本で渡った。棒を下流の底石に当て、支えにして移動するのだ。この応用でストックを使って徒渉するとバランスを取りやすい。山道の下りでも重宝するので1本持ち歩くと便利だ。

人数がいる時は、スクラム徒渉といって、相手のザックの肩ヒモの下部分を互いに持って歩くと楽に渡れる。2人の時は強い人を前に、弱い人は後ろにする。3人の時は強い人を先頭に、弱い人を真ん中に挟む。基本的に上流に対して正対して横に歩くか、少し上流に向かって突き進むように渡るとよい。

泳ぐ

高巻ができない、あるいは高巻くよりも泳いでしまったほうが簡単な状況である。具体的には滝壺、ゴルジュのトロや淵など。泳ぐコースは、ズバリ流

滝を直登する

高巻。見た目は地味だが力量の差が表われやすい遡行技術

れが緩やかな所。滝壺では水の落ち口は白泡が立っている。その下は水流が巻いていることがあり、引き込まれたら自力で脱出するのは困難だ。したがって落ち口に近づかないように泳ぐ。ゴルジュのトロや淵は、水流が当たっている側を避けて泳ぐ。当たっていない側は逆流している場所があり、案外楽に上流に泳げることもある。

泳ぎのスタイルは、ザックを背負わないのであれば、平泳ぎでもクロールでも犬かきでもよい。一番得意な泳ぎで突破する。注意点は、ヘルメットは前が見えなくなることがあるので被らないこと。

泳ぎに自信がなければ、エア式の救命具を着けて泳ぐのも手だ。水の冷たい源流では、身体が冷えて動かなくなることもあるので気をつけよう。できるだけ浮力は確保しておいたほうがよい。冷えを少しでも緩和するには、雨具を着用するとよい。これも覚えておきたい知恵の1つだ。

ザックを背負って泳ぐ方法はいくつかある。なかでもザックの浮力を利用するラッコ泳ぎ（P3写真）は、とても楽だ。この名前の由来は、まさにラッコがお腹を上にして泳ぐ姿に似ているからである。

ラッコ泳ぎは、まずザックの腰ベルトをしっかりと付ける。水に入ったらザックに身体を完全に預け、仰向けに浮く。頭を雨蓋に付けるような気持ちだ。手は平泳ぎの動きで、前から水を掻くようにする。なんとなく後ろ（頭側）に進んだほうが泳ぎやすいように見えるが、そうではない。仰向けに近い姿勢でも前に進むのである。足の動きは自転車のペダルを漕ぐイメージ。片足のつま先を伸ばして進行方向にまっすぐ出したら、縦に回転させるように足で水を掻く。できるだけ足を伸ばしながら掻くのがコツだ。水面に膝が出るくらいの回転で掻くと、かなりのスピードで進むはず。ラッコ泳ぎは、川を下る時に流れに乗って下ることもできるテクニックだ。夏場は快適なので、ぜひマスターしておきたい。

ほかには、のし泳ぎという横泳ぎもある（平泳ぎの横版）。カワセミ泳法は背泳ぎの応用だ。ザックの浮力を利用して頭方向に進む。ラッコ泳ぎとは反対方向になる。足はバタ足で、手は背泳ぎと一緒。岩がある場合は、岩をつかみながら進んでいく。

いずれにしてもザックを背負ったら、普通の姿勢で前に泳ぐのは困難だ。ザックの浮力で身体が水に押し込まれて思うように動けなくなるからである。ザックの浮力を利用するのなら、ザックに寄りかかったような姿勢のほうが泳ぎやすい。

渓の翁こと瀬畑雄三さんは、ザックをビート板のようにして泳ぐ。水の中にザックを裏返して浮かべ、肩ヒモの付け根にあるザックをつかむためのループを握る。そして片手で平泳ぎのように水を掻きながら、足はバタ足で進んでいく。この方法もなかなか楽でよいようだ。

高巻

滝が現われたら直登か高巻く。高巻とは、滝や通ラズのゴルジュを回避して山の中を抜け、その先に出ること。単に「巻き」とか、大きく迂回する時は「大高巻」ともいう。高巻くコツは、基本的になるべく小さく、川が曲がっている内側を巻くこと。距離も短く、険しくない場合が多い。むやみに高く登ってしまうことを「追い上げられる」という。ルートファインディングをしっかりやって、追い上げられないように注意しよう。そしてブッシュがある所や、傾斜が緩い所、ルンゼ（小沢）などを見つけて効率よく巻きたい。

高巻く時は足元がフェルト底だけだと滑りやすいので、チェーンスパイク、ピンソールなどの滑り止めがあると心強い。特に草付や泥付の斜面で有効だ。ロープを使うことも安全に高巻くために必要な技術である。これはロープワークの項で解説する。

●ヤブ漕ぎの実際

①ヤブはただまっすぐに向かってもなかなか通過できない

②そこでまず、横からぶつかるようにしてヤブに身体を預ける

③次にその反動を利用して、今度は反対側のヤブに身体をぶつけるようにしてねじ込んでいく

④厚いヤブを漕ぐのはかなりしんどいが、技術を覚えるとそれほど疲れずに早く進めるようになる

途中でヤブになることもしばしばある。ヤブ歩きをヤブ漕ぎという。ヤブ漕ぎのコツは、身体を斜め前方のヤブに押し付けるようにしながら、ヤブが戻ろうとする反動を利用して反対側のヤブに身体を押し付ける。これを交互に身体を振って足を出していくことで意外に楽に進んでいくのだ。

高巻で難しいのは降りる位置（下降点）の選択だ。下降点は滝やゴルジュを完全に越えていなければならない。滝では落ち口を確認しながら安全な場所から降りる。この時、ロープを使って懸垂下降という技術が必要になることが多い。下降技術では一番安全な方法なので、ロープワークの項でしっかりと身につけてほしい。

最大の注意点は、下の人に石を落とさないこと。それでも落としてしまったらすぐに大声（「ラークー（落）!!」など）で知らせる。落石を防ぐために、ガレ場の上り下りでは1人が完全に行ってから次の人が行く。あるいは人と人との距離を空けずにつながって行く。そうすることで、もし石が落ちても距離がないぶんダメージは少なくなる。

雪渓の処理

雪渓は1m^3で重さが1tといわれる。締まった雪

ブロック状になった雪渓を越えていく

典型的な夏の雪渓例。真ん中が薄く、両側も崖との接点が割れたり穴が開いていたりする。一見、安定していそうな雪渓でもいつ崩れるか分からない

雪渓を越えて上流を目差す。雪渓の真ん中と端は歩かないようにする

雪渓の下を潜るのは最終手段。通過する時は静かに速やかに、1人ずつ行く

はコンクリートの塊のようなものだ。豪雪地帯の源流では9月まで雪渓が残ることもある。本来なら雪渓が出てきたら遡行を終了したいところだが、そうはいかない時もある。また、雪渓が残るような場所は両岸が高く切り立っていることが多い。高巻くことができるなら、それが一番安全な策だ。しかし、高巻ができない場所も多い。

雪渓を越えていくことを雪渓処理という。雪渓は、雪崩で詰まった雪を下から水の流れが削ってできる雪のトンネルだ。構造的に真ん中が薄くなっている。雪渓がいつ崩れるか判断するのは難しい。もし、下を潜って抜けようとした途中で崩れたら一巻の終わりである。潜り抜けをする場合、命の保証は全くないと思っておこう。しかし、上を歩くのも危険だ。やむなく雪渓を上から通過する時は、真ん中を避けて両端をソロソロと歩くようにする。ただし両岸に接する部分も雪が解けて穴が空いているので、両端といっても穴と真ん中の間である。雪渓の間に沢がある場合、沢の真ん中部分が薄くなっているので注意が必要である。

いずれにしても、数人で雪渓を通過する時は、全員が巻き込まれないように1人1人の間隔を長く取ること。

ロープワーク

源流釣りに行くのなら、ぜひともロープワークをマスターしておきたい。もちろん、そんなものが必要になる前に引き返すのも手だ。だが、ちょっとした落差の崖でも飛び降りたら怪我をしかねない。正しい知識でロープを使えば源流遡行での安全性は増す。その延長線上には、どうしても仕掛けが届かなかった滝壺をねらうことも可能になるのだ。ここではロープワークの基本と懸垂下降を中心に解説したい。懸垂下降とは、つまりロープを使って崖を降りる技術。そのために必要な基本を覚える。

しかし本を読んだだけでいきなり本番は無謀。最初は経験者の指導のもと、落ちても安全な場所でしっかりと練習する。1つ間違えれば事故につながるのだから、小さな手順もおろそかにしないように。沢登りや源流釣りの会では、毎年のように「岩トレ」などと称してロープワークを練習しているところがある。それくらい事前練習は大事なのだ。

実際の源流では、状況はさまざまに変わることが多い。状況に合わせて、一番よいと思われる方法を取っていくことで、より安全な源流遡行ができるようになるのではないかと思う。

また、登山技術は時代の変遷とともに変わってきている。いまだに「これが絶対」という方法論は、出尽くしていないと思う。安全を第一に考えて、頭だけではなく身体で技術を覚えてほしい。

ロープを選ぶ

遡行におけるロープの役割はとても大きい。登る人の滑落を防ぐ、懸垂下降をする時に身体を支える、徒渉の際に流されないようにする……などである。したがってショックや荷重が掛かっても耐えられる、しっかりしたものを選ぶこと。登山用品店で市販されているので、購入の際は店員のアドバイスをよく聞いてほしい。源流では防水加工してあるがよい。太さ8㎜前後で30～40ｍの長さが使いやすいとされている。太すぎると重くなるし、長すぎると扱いにくくなってしまう。最初に揃えるならこのくらいがよい。

落石が当たったり、岩角等で擦れたりしたロープは使わないこと。また、ロープのほかに細引き（直径6～7㎜のロープ）やテープを20ｍ持っていると、ロープを出すまでもないような場所で重宝する。慣れた人で、軽さを重視するなら7㎜ロープ40ｍという手もある。結局、どれくらいのレベルの源流に入るのかで持参するロープの太さや長さ、本数が決まってくる。

ロープの束ね方

ロープは「振り分け」で仕舞う。輪にしてまとめようとするとネジレが出て、何度も出し入れするうちに絡んでしまうからだ。

手順はロープの末端を50㎝くらい残して、手のひらで折り返してループを作っておく。もう一方の手でロープを手繰り、両手を広げた長さのぶんを束ねていく。その際、ループを作った手のひらの両側に振り分ける。最後の1ｍくらいになったら、振り分けた中心にロープを巻きつける。さらに末端をループに通して締め込む。末端同士を本結び（リーフ・ノット、スクエア・ノットでも可）で結べば完成。最後の末端でループを作り、巻いてから締める方法でもよい。また、最初に巻きつけるぶんの長さを残してループを作って振り分け、最後にその余分を巻いて締める方法もある。いずれにせよ、自分がやりやすい方法をしっかり覚えてスムーズに出し入れできるようになることが肝心だ。

①ロープの端を50㎝残して左手でつかむ。さらに50㎝ほどの輪を作ったら、輪の端をつかんでおく。この小さな輪にあとで反対側の端を通す

②左右の手を広げ、1ヒロぶんのロープを取ったら左手で束ねる

③左手の左右（小指側と親指側）にロープを交互に振り分ける

④ちなみに同じ側に輪を作って束ねていくとネジレが出るのでよくない

ロープワークで併用する器具

●ハーネス

身体にはハーネス（安全ベルト）を着ける。ハーネスは太ももの部分を支えるレッグループ付きのほうが、懸垂下降する時などは楽だ。沢専用のハーネスには必要に応じてレッグループが取り外せるものもある。山岳レース用に作られた超軽量ハーネスも最近は出回っている。

それほど厳しい源流でなければ、スワミベルト、ゼルプストバンドと呼ばれる簡易ハーネスがあれば重宝する。これらを使っていて空中懸垂になりそうな時は、あらかじめ長さを調節して作っておいたスリングを太ももに回し、カラビナに掛ける。これで簡易ハーネスがずり上がってくるのを防ぐのだ。

ハーネスは輪の部分にあらかじめ60㎝ほどの長さのロープを取り付け、その先端にカラビナを付けておくと素早く自己確保できて便利だ。

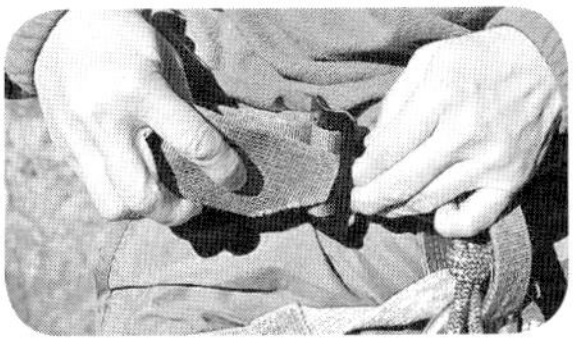

①ハーネスを着ける時は、まずこのように金具にベルトを通していく

②端は必ず折り返して……

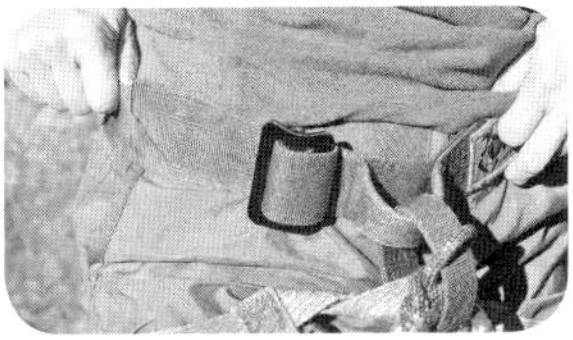

③ふたたび写真のように金具に通す。すっぽ抜けたら命にかかわるので絶対に省いてはいけない

⑤残り1mになったら左手でロープを保持している部分で、残りのロープを巻きつけていく

⑥この時、最初に作った輪を巻き込まない

⑦最後に結びしろを残して輪に端を通す

⑧末端同士を本結びで止めれば完成

●カラビナ

安全環付きカラビナ。左はオートロックタイプ、右はネジ式。オートロックタイプも過信は禁物

まず、ハーネスに付ける安全環付きカラビナを1枚用意する。安全環付きカラビナは、大きめの洋ナシ型（HMS型とも呼ばれる）が使いやすい。ネジ式（スクリュー式）が一番安全だが、締めた後に泥などが詰まって回らなくなる恐れもある。オートロック式でもよいが、ロックがしっかり掛かったかどうか確認すること。普通のカラビナ（D型あるいはD変形型）は、最低でも2枚以上持つこと。

●アッセンダー

アッセンダー。上にはスムーズに動かせるが、下に引くとカムの働きでしっかりと止まる

アッセンダーは先行者が引いたロープを固定した後、ロープに沿って後続者が登る時に、スリングを用いたプルージック結びやカラビナバッチマンを使わずに登っていくのに便利な器具。自己脱出の時にも役に立つ。ユマール、登高器とも呼ばれる。これをロープにセットして、自分のハーネスのカラビナにスリングを介する（あるいは直接付ける）。仕組みは単純で、一方向に向いた突起によってロープが止まるので、上には滑るように上がるが、滑落時はロープに食い込んで止まるため、滑り落ちないようになっている。

●確保・下降器

左は ATC（製品によって細部は異なる）、右はエイト環

上り手を確保する時や、懸垂下降する時にロープを制動する器具である。エイト環やATC（バケツ型）などがある。この2つは先に挙げた確保、制動の両方ができるのが特徴。

ATCは扱いやすく、懸垂下降の際のセッティングもやりやすい。ただし、カラビナにしっかりと2本のロープが掛かっていることを確認したい。エイト環は使い方を覚えると万能な制動器具だ。懸垂下降中に仮固定するのが簡単にできるのがよい。掛け方を間違えると大変なことになるので注意。太いロープに小さいエイト環だと掛けにくいこともある。

●スリング

スリングは大小サイズを用意すると便利

スリングは、5〜7㎜径のロープやダイニーマテープを1〜1.5mに切って輪に結んだもの。テープで作ったスリングは、テープスリングあるいはダイニーマテープスリングという。輪の大きさを何種類かに分けて、最低でも3本以上携行する。長いテープスリングがあると岩や大きな木に掛けるのに便利。

市販のダイニーマテープスリングは軽いが高価。懸垂下降時に使うスリングは回収できないので、安価なロープで作っておいたほうが経済的だ。

ロープワークの基本は結びから

結び方を知らなければロープは使いこなせない。まずは基本の結びをマスターしよう。釣りで親しんだ結びもある。ただし、結びの向きなどは慎重に確認してほしい。何しろこれがほどけたら、直接事故につながる。初心者はまず指導者のもとで勉強したい。

確保の時には、基本的にはこのようにハーネスに直接ロープをつなぐ

簡易的な確保なら、安全環付きカラビナにセットすることもある

ロープ同士をつなぐ時には、片方の端で緩く8の字結びをしたら、それに沿わせるようにして反対側からもう片方の端でも8の字結びをする。最後はやはり止め結びで止めておく

●8の字結び（エイトノット）

釣りの8の字チチワと同じ。これでロープを自分のハーネスにつないだりする。ただしロープの場合、写真のように末端を止め結びで処理しておくこと（分かりやすいようにゆるくしてあるが実際にはしっかりと締め込む）

ハーネスにロープを結ぶ時や懸垂下降時のロープの末端処理、ロープ同士の結束、ロープの途中に結び目を作って輪を作りたい時に使う。ハーネスにロープを結ぶ時は、あらかじめ8の字結びを作っておき、ハーネスに末端を通した後、8の字に沿って巻いて締める。なお、末端でもう一度止め結びをしておくこと。止め結びをした後、末端の長さが10cm以上出ておくようにする。

●ダブルフィッシャーマンズノット

ダブルフィッシャーマンズノット。ロープではほどきやすく、しっかりと止まる結び方だ

ロープを使ってスリングを作る時に使う。結び方を間違えると抜けるので注意!!

●テープ結び

ダイニーマテープを使ってスリングを作る時に使う。

テープ結びはまず片方のロープの端でゆるく止め結びをする。もう片方のロープは、その結び目に沿わせるように逆から止め結びを行なう

●インクノット（クローブヒッチ、巻き結び）

輪を作ってカラビナに掛けたら、今度は逆にひねるようにして輪を作って掛ける。写真の形をよく見て実践してほしい

ロープを支点にカラビナで固定する時や、ロープの途中にカラビナを固定したい時に使う。またタープを張るために木にロープを固定する時などにも使える。

●カラビナバッチマン（巻き付け結び）

ロープを使っての自己脱出、固定されたロープを使って登る時、タープを張る時に使う。ロープに制動を掛けたい下方向にスリングを3～5回巻き、上の輪に下から輪を通して、通した輪にカラビナを掛ける。

①スリングをロープに巻きつける。巻く方向は下側で3～5回。この時、後で自分をつなぐのはスリングの下側である

②上にある輪にスリングを通して締めれば完成。スリングを自分のハーネスなどに接続すればよい

●プルージック結び

スリングをロープに掛けたら片方をもう片方の輪に何回か通す。それで締めるだけの簡単な結び方だ

木にスリングを掛けて支点を作る時や、固定されたロープを使って登る時に使う。固定されたロープの途中で、スリングなどをこの結び方で止める。スリングをロープに掛けたら、片方をもう片方の輪に何回か通して締める。結び目を持って動かすと結び目が動き、引き締めると止まる。この時に使うスリングはロープより細いほうが、止まる力が強くなる。プルージックは回す回数が多くなると制動力が増す。

ダブルフィッシャーマンズノット

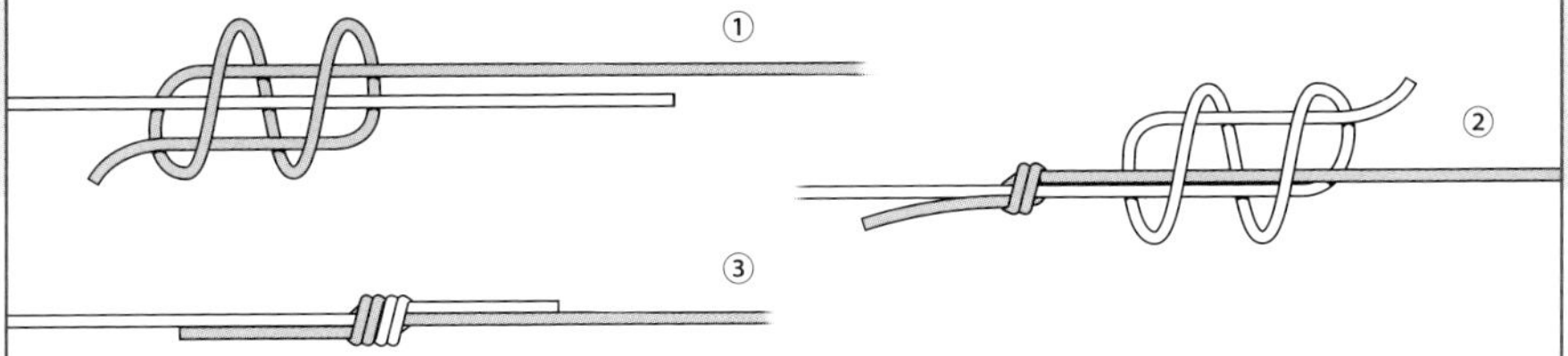
①
②
③

8の字結び

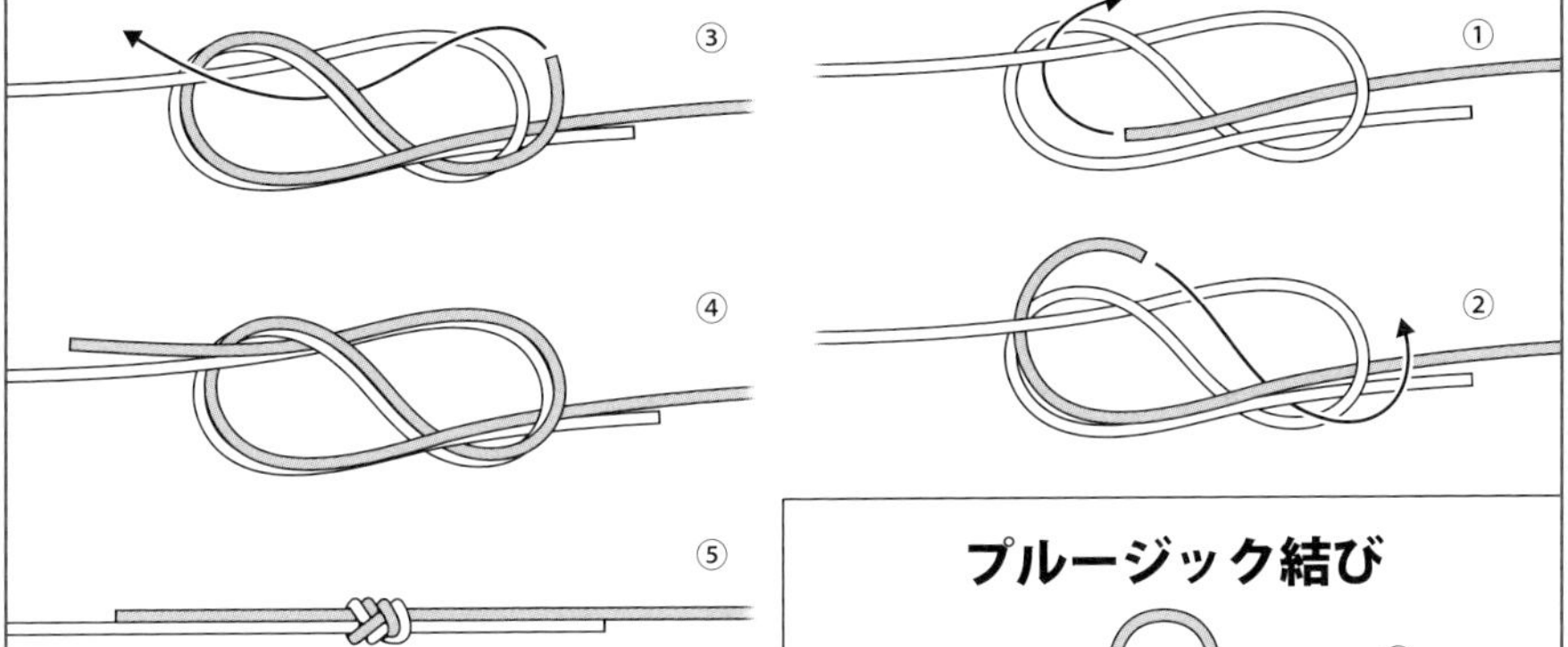
①
②
③
④
⑤
末端はザイル径の 10 倍は出す

プルージック結び

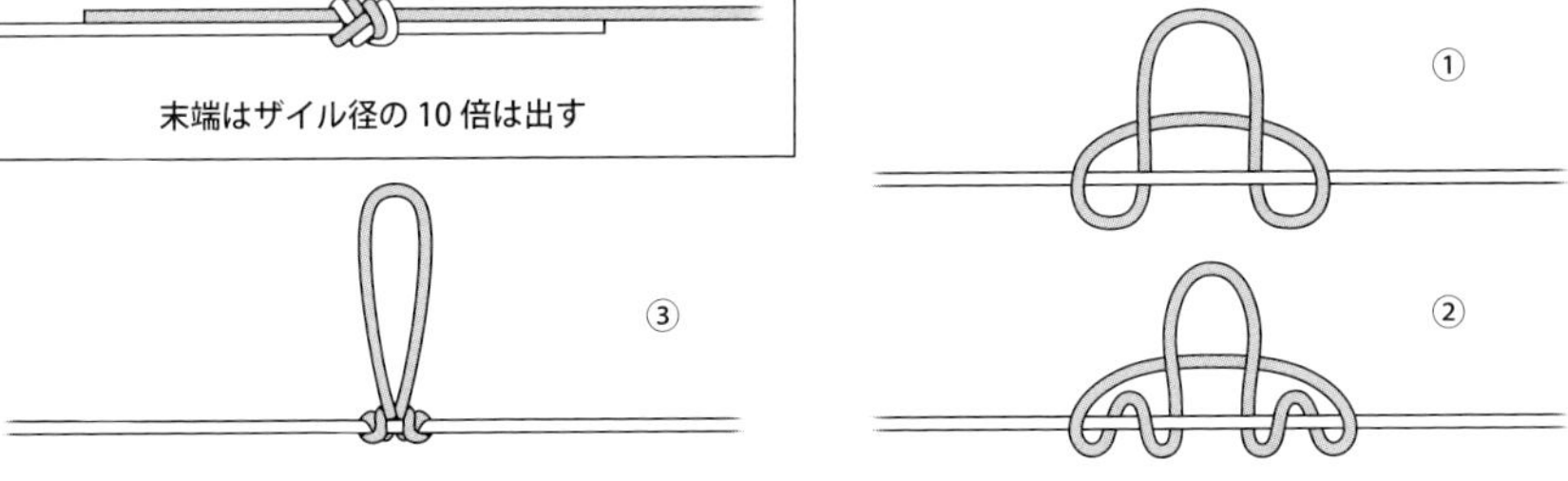
①
②
③

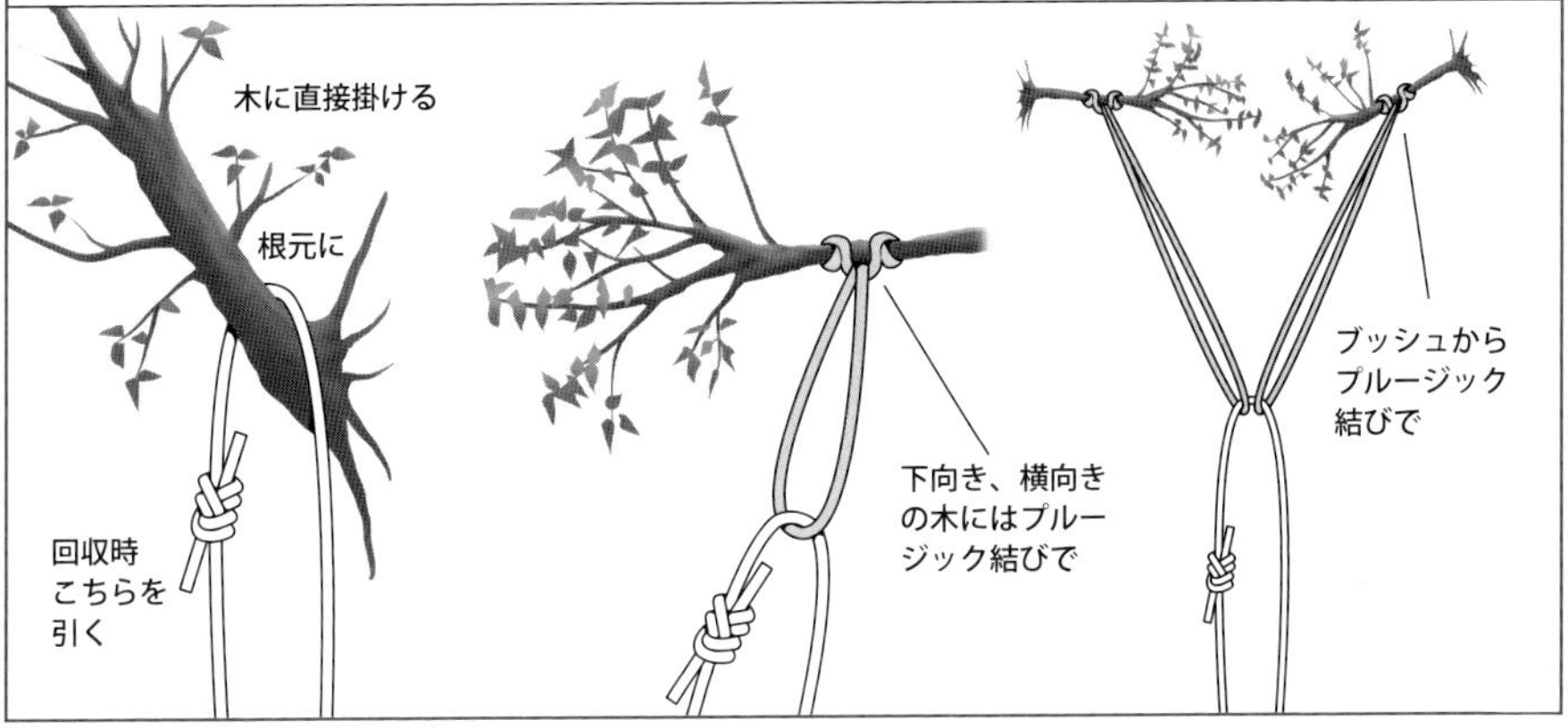
木に直接掛ける
根元に
回収時
こちらを
引く
下向き、横向き
の木にはプルー
ジック結びで
ブッシュから
プルージック
結びで

懸垂下降の手順

セルフビレイ（自己確保）から始まる懸垂下降

懸垂下降は崖などを確実、安全に下りるテクニック。手順や方法を間違えると命にかかわるが、マスターすれば釣り場はぐんと広がるはずだ。今まで指をくわえて見ているしかなかったゴルジュや滝壺を探りたいなら、ぜひとも覚えておきたい。

登る人を確保する時や、高巻の途中などで自分の身体を落ちないように確保することをセルフビレイという。身近な木にプルージックでスリングを結び、そこにハーネスからスリングかロープを出してカラビナを掛ける。あるいはハーケンを打って支点を作り、セルフビレイする。固定されたロープからインクノット、あるいはスリングをプルージックで結び、ハーネスの安全環付きカラビナに掛ける手もある。これらはすべて滑落を防ぐ大切な技術だ。懸垂下降する時には、必ずセルフビレイを取っておくこと。

懸垂下降（ラペリング）

下降器のエイト環を使って懸垂下降するのが最もポピュラーで確実だ。懸垂下降で一番重要なことは支点の確保だ。支点が抜けると真っ逆さまに落ちてしまう。大きな木ならロープを直接掛けるのが確実だろう。細い木はスリングで2点から支点を取り、1本1本のスリングの輪に通して確保する。ハーケンを打って支点を取る場合でも、2点から取るのが望ましい。1本が抜けてももう1本が保険になるからだ。心配なら3点でも4点でも取っていい。最初は絶対確実と思える方法で支点を確保すること。

1本のロープで懸垂下降する時は、必ずロープを折り返して使わないと降りた後でロープが回収できない。2本のロープを使う場合は、支点に掛けたロープのどちら側に結び目があるか確認する。回収する時、結び目のあるほうを引かないと回収できない。逆を引くと結び目が支点に引っ掛かってしまう。

スリングで支点を取った場合は、懸垂下降したらスリングを捨てることになる。そのためにもスリングは多めに持参したい。また懸垂下降できる距離は、ロープの長さの半分と覚えておこう。30ｍロープは懸垂下降する時は半分に折り返すので、15ｍの懸垂下降しかできない。40ｍなら20ｍだ。大人数のパーティなら30ｍのロープを2本持ち、それを結ぶことで30ｍの懸垂下降が可能になる。

長さが足りない場合は、余裕を持った距離で一度止まり、セルフビレイを取った後でロープを回収す

●セルフビレイ

懸垂下降を行なう時は、自分が高い場所にいるということ。まずはセルフビレイを忘れないように

ロープを木に掛ける

末端同士を8の字で結ぶ

結び目からロープを振り分けて束ねていく

ロープを束ね終えたら下に投げる

支点の取り方

2個所からスリングで支点を取る方法。スリングは支点からの長さが違っても同じ力が掛かるように調整する

木から支点を取る方法。細い木や何本も細い木を束ねて支点を取る場合は、プルージック結びで締める

このように岩に掛ける場合もある。もちろん、転がり落ちる可能性があるような岩に掛けてはいけない

結び目が木に当たっていたり、先端にある状態は避ける。写真のように途中に結び目がある状態にすること

る。その場所からふたたび支点を取って下降する。このような場合もあるので、エイト環を落とさないために、エイト環の大きな輪をあらかじめハーネスの安全環付きカラビナに掛けておくとよい。ロープを通してからエイト環を外せば、もし手を離してもロープが付いているので簡単に落ちない。その後で、エイト環の小さな輪に掛け変える。なお、それまではセルフビレイをしていること。

制動するほうのロープをしっかりつかんだら、もう一方の手でセルフビレイを外して懸垂下降を始める。懸垂下降の途中でロープが絡んでいる場合も、制動している側の手を離してはいけない。反対側の手で絡みをほどくか、難しい場合は一度ロープを固定する必要がある。方法は、制動している側の手で握ったロープをエイト環の輪に掛ける。ロープの下側からエイト環の輪に掛けてロープとエイト環の輪でロープを挟み込んで固定する。ロープが外れないように何度かグルグル巻きにしておくとよい。これで両手が使えるようになるので、ロープの絡みをほどけばよい。その後、固定した順序の逆を行なって、ふたたび懸垂下降を続ける。

もしエイト環を落としてしまった時には、イタリアン・フリクションヒッチ（半マスト結び）という方法もある。だがこれはロープの擦れが強く、熱で切れる恐れもある。制動の掛け方も難しい。行なうのは本当に非常時だけにしたい。覚えておいて損はないが、それよりもエイト環を忘れないことや落とさない慎重さを身につけたほうがよい。

確保者（ビレイヤー）と登り手（リーダー）

ロープを使って登る場合、登り手と確保者の2人1組が基本。登り手と確保者は同じロープで結ぶ。それをメインロープとしておく。さらに確保者は安全な支点でセルフビレイを取る。確保者は登り手の動きを見ながらロープをハーネスの安全環付きカラビナに付けたエイト環やATCに通し、手でスムーズに送っていく。登り手は中間支点を取りながら登る。登り手が落ちた場合、確保者はロープを素早く手繰って落下距離を最短にする。そしてロープに掛かる衝撃を受け止め、登り手の落下を止める。

確保者は、自分のハーネスの環付きカラビナからエイト環を通して確保する支点を取るのが基本。だが実際に登り手が落下した時、確保者に掛かる衝撃は大きい。しっかりした支点が取れる場合は、そこにエイト環を掛けて行なうと操作が楽だ。たとえば

●懸垂下降

エイト環の大きい輪を確保しながらロープをセットする

ロープをセットしたら、制動するほうのロープを持ち、エイト環の確保とセリフビレイを外して懸垂下降を開始する

このロープの掛け方は、制動をゆるくして動きやすくする方法。カラビナにロープを掛けている

制動を強くするにはこのようにエイト環にロープを掛ける

体重をしっかりと後ろに乗せて懸垂下降を始める。恐怖心を起こして、立つような姿勢になるとフリクションが減って足を滑らせる可能性があるので危険。崖に対して両足で垂直に踏ん張るイメージが正しい

懸垂下降中の仮固定の仕方

非常時のイタリアン・フリクションヒッチによる懸垂下降。必ず安全環付きカラビナで行なうこと

ロープを使って登る場合は、登り手と確保者の2人1組が基本

女性が男性を確保する場合は、木や岩にスリングを掛け、そこにエイト環を固定して支点を確保したほうが、いざという時に身体が飛ばされなくてすむ。

登り手が後続者を確保する際、基本的にはハーネスのエイト環から支点を取って確保するが、スピード重視で肩がらみや腰がらみといった方法で確保する場合もある。ロープを張り気味にすることで、後続者が足を滑らせてもすぐに止めることができる。

登り手と確保者は絶えず声を掛け合う（コール）。登り切ってロープを固定し終えたら、登り手は「ビレイ解除！」などと大声で伝える。確保者は登り手からのコール指示がない場合は、たとえロープの動きが止まっても確保し続ける。ロープが残り少なくなってきた時は、確保者はロープの残量を登り手に伝える。「残り3m！」といった具合である。

登り手がセルフビレイを取ったら、今度は登り手が確保者になり、確保者が登る。3人の場合、2番手は固定されたロープにプルージックやカラビナバッチマンでスリングを結び、それを安全環付きカラビナに掛ける。プルージックなどの結び目を手で上げながら、中間支点をかわして登っていく。

プルージック結びは、結び目が締まると動きが鈍くなる。そのためカラビナバッチマンや小型のアッセンダーを使って登るほうが楽だ。中間支点の回収は最後の人が行なう。最後の人は確保されて登るのが望ましい。ハーケンや中間支点の回収もできるし、確実にロープを回収できるからだ。

アイスハンマー、ハーケン、ボルト、ジャンピング

荷物はできるだけ軽いほうがよいので、これらを持参する人は多くないかもしれない。しかしアイスハンマーやハーケンはかなり役に立つ。より厳しい

●ハーケンの打ち方

ハーケンを打ち込む際は、まず両側の岩を叩いてみて、しっかりした岩かどうかを確認する。さらにアイスハンマーには細引きと小さなカラビナを2本付けておく。片方は自分のハーネスなどにつなぎ、もう片方はハーケンの穴にセットする。こうすると、ハーケンもハンマーも落としてなくさずにすむ

ハーケンへのスリングの掛け方。いわゆる、ぶしょう付けと同じ

ハーケンが浅くしか入らず、それでもしっかり利いている場合は、このように根元でスリングを固定する。穴だと岩からの距離があるので、テコの原理が働いて抜けやすくなる

●ボルトの打ち方

ボルトを打つ時にはジャンピングで穴を開ける。刃は交換できる

ボルトを打ち込むと中でくさびが広がって固定できる

ボルトを打ち込んだ状態。場合によっては複数本打ち込んで支点にする

源流を目差すなら使い方を覚えておいて損はない。

　アイスハンマーは、ハーケンを打つ時や草付きの斜面を登る時、雪渓の上り下りに使う。ハーケンは岩のスリットに打ち込んで支点を作るためのもの。スリットに合わせて数種類のハーケンを持っていく。ハーケンを打ち込む時の注意点は、スリットの両側の岩を叩いて、同じように硬い音がするか確認すること。両側とも硬い音がするならハーケンを打ち込めば利く。片方だけでもボコボコと岩が浮いているような音がする所では、利かないので注意。

　ハーケンは穴に細スリングを通して支点にする。ハーケンが半分だけ入って利いている時は根元にスリングを掛ける。固定位置から遠い穴に掛けると、テコの原理で余計な負荷が掛かるからだ。

　ボルトはスリットのない岩に支点を確保するためのもの。ジャンピングを使って穴を開けて打ち込む。打ち込むと中でクサビが広がり、固定される。ジャンピングはキリの役目をするものだ。穴を開けるためには根気よく打ち返して穴を開ける必要がある。ジャンピングの刃は交換可能だ。ボルトはよほどのことがないと源流で使用することはないだろう。通常はハーケンで充分である。滑落確保用のハーケンは、最後に登る人が抜けばまた使うことができる。

ロープを使った徒渉術

基本のロープ徒渉

水流が強くて自力で徒渉するのが困難な時は、ロープを使って徒渉する方法がある。最初に上流側に支点を作る。岩や木、大きな流木など動かないものならなんでもOKだ。岩に割れ目があればハーケンを打ち、木や岩にスリングを掛けるなどして支点を確保する。そしてロープの末端をカラビナなどを介して固定する。ロープは下流側に伸ばしておく。

仮に、ロープを固定した位置からそのまま渡ったとしよう。この場合、流されそうになった時にロープはなんの助けにもならない。だが上流側に支点を取っておけば、体重を下流側にかけてもロープが支えになる。そのため支点は必ず上流側に作る。

徒渉者はハーネスや簡易ハーネスを身に着ける。ロープにエイト環や確保器を通して、安全環付きカラビナにセットする。非常時にはイタリアン・フリクションヒッチを利用して、ロープに身を預けてバランスを取りながら徒渉する。1人の場合はロープをダブルにして懸垂下降をするような感じで渡る。支点にスリングを使用した場合は回収できない。

2人以上の場合は、徒渉者以外の人は徒渉者よりも下流側に立ち、ロープを送るサブアシスト役をする。もし徒渉者が流された時は、ロープを手繰って手前の岸に徒渉者を寄せる。

先行者が渡り切ったらロープの両端を渡った先の岸に送る必要がある。まず先行者は渡った所の上流側に支点を作ってロープを通す。対岸に残った人は支点からロープを外し、カラビナにロープを通した後、末端同士を結ぶ。そしてカラビナの中を通しながらロープの結び目を先行者に送る。この時どちらの側もロープはカラビナの中を通すのがミソ。ロープが流れに押されて先行者の手から滑ってしまった時、カラビナを通しておけばよいが、そうでないと元いた岸にロープが残る。あるいは先行者側にロープがいってしまう。この場合、後続者は単独徒渉するか、先行者が戻らければならない。

パーティーが3人以上の場合は、ダブルにしたロープを支点同士で固定するか、しっかりと腰がらみでロープを確保しておく。2番手の徒渉者はハーネスからスリングを出してカラビナを付けて、ロープにカラビナを掛ける。そしてロープを両手でしっかりと握り、ロープをたどって徒渉する。

ラストの人を渡らせる時は、先行者のように上流側の支点にロープの末端を結んで固定し、下流側にサブアシスト役を置く。そしてラストの人は支点を

2人で行なうザイル徒渉

① 徒渉ルートの上流川の立ち木などにロープを固定する。渡る人はハーネスに付けたエイト環にロープを通す（次頁写真も参照）。ただ通すのではなく制動をかけられるようにする。確保する人は下流側でロープを持ち、渡り始めたら適度にロープを出してあげる。もしも渡っている人が 流されたら、すぐに引いて手前の岸に引き寄せる

② 最初の人が渡り切ったら対岸にも支点を取る。２人目は最初の支点に結んであったロープを解き、端同士を結んで輪にする。そして結び目を渡る先の岸へ送る。この時、どちら側でも支点のカラビナなどにロープを通しておく。手で持っただけでは流された時にロープだけがどちらかの岸にいってしまう。さらに２人目は支点を回収しておくこと

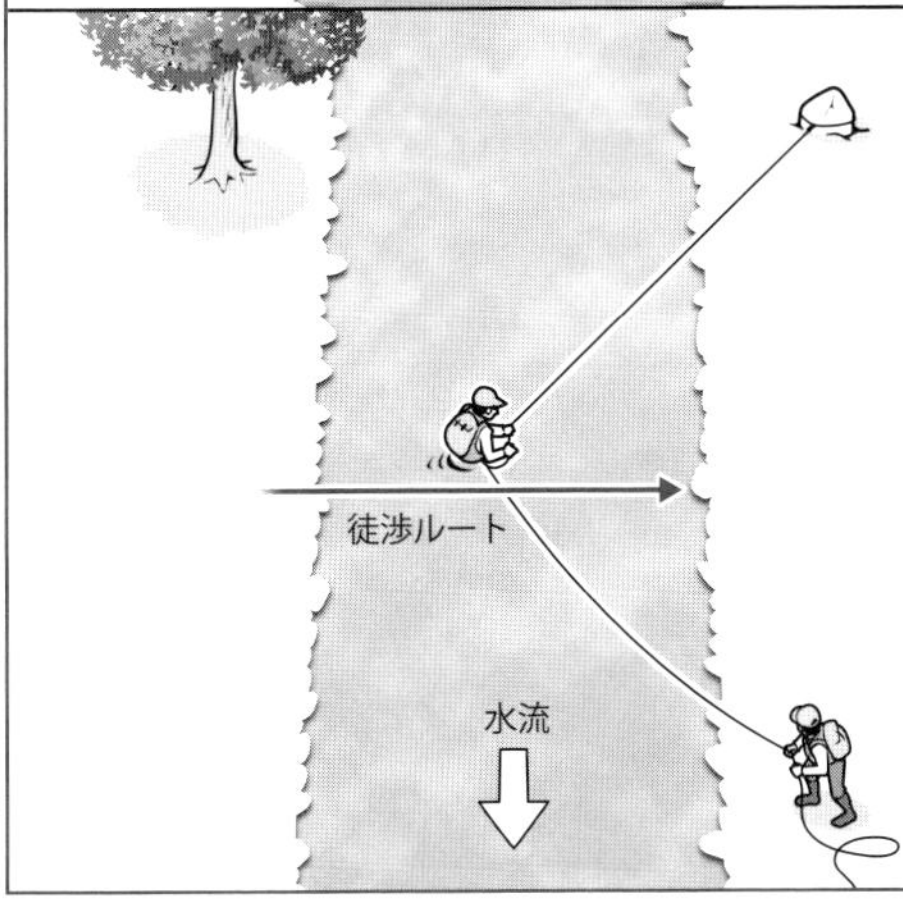

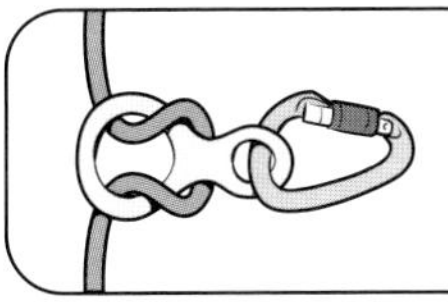

③ 先ほどと逆の要領で、２人目は自分のエイト環にロープを掛け、１人目は下流側で確保に回る。こうすると安全に徒渉できる

●基本のロープ徒渉

回収し、ハーネスから確保器にロープを通して徒渉する。この方法は手間が掛かるが、支点が回収できるのと、より安全に渡ることができる方法なので、覚えておくとよい。

基本のロープ徒渉を覚えておけば、場所によってはさまざまな応用が利く。たとえば1人は経験者で単独徒渉できるが、2人目は無理という場合。まず経験者がロープを引いて渡る。その際、もう1人に確保してもらうこと。2人目はロープの末端をハーネスのカラビナに固定する。徒渉した人は、上流側に行ってロープを腰がらみや確保器を使って確保し、2人目を渡らせる。安全のために簡易的にロープを使うことは大切なことである。

支点の例。ここでは岩に挟まった石にスリングを掛け、カラビナにセットした

上流側に支点を取ったら、2番目に渡る人は下流側でロープを保持して確保に回る。徒渉する人はこのようにエイト環にロープを掛け、自分で長さを調整しながら渡る

徒渉の例。渡っている人が転んで流されたりしたら、下流側の確保者はすぐにロープを引いて岸に引き寄せる。支点が上流側にあり、確保者が下流側にいるとその作業がスムーズにできる

ザック徒渉

3人以上の時の応用ではザック徒渉がある。これは最初の人が渡り切ったら、2人目はロープの途中に自分のザックを固定し、ザックにつかまる。徒渉者はロープを引いて2人目を引き寄せる。2人目はザックをつかんで歩いて徒渉する。荷物を担いでいないので楽に徒渉できる。この場合、2人目が渡ってもロープの末端が3人目に残っていることが条件になるので川幅を考えて行なう必要がある。より安全を確保するなら、2人目はハーネスからスリングを出してロープに掛けていたほうがよい。3人目以下は同じように徒渉する。ラストはロープの末端にザックと自分の身体をハーネスに掛けて渡る。トロ場ならザックにつかまり泳ぐように徒渉してもよい。泳ぎのザックピストンの徒渉バージョンである。

●ザック徒渉

ザック徒渉の例。まず、先頭がロープを引いて先へ進む

時には泳ぎながら岩をつかむことも

後続はザックにロープをセット。写真のようにスリングをセットし、そこにカラビナを掛けてロープを結ぶ

④先頭がロープを引き、2人目はザックにつかまって徒渉するか、写真のように泳ぐ。泳ぐ時には腕を伸ばし、ビート板のようにザックを使うのがコツ

先頭が渡ったら、まずは支点を取る。ここでは木を利用した

2人目は支点を回収し、ロープの端と端を結ぶ。この時、支点もしくは自分のハーネスに付けたカラビナにロープを通しておかないと、手が滑った時にロープだけが対岸に流されてしまう。これで結び目を対岸の人に渡す

渡る前と同様に上流側に支点を取って2人目が渡る。1人目は確保に回る

地図の基本的な読み方とGPSの可能性

2万5千分の1地形図を読みこなす

源流釣りに行く時、どこに入るかを決めるのに一番手っ取り早い方法は、出版社の渓流ガイドブックなどを参考にしたり、ロードマップを見ることである。マップルなどはかなり詳細に川や沢、山の名前が記載されていて大変重宝する。もちろんインターネットの地図閲覧ページを見るのも手だ。

大まかに行く川が決まったら、もっと詳しい情報が知りたくなる。入渓点はどこが一番近いか、危険な個所はないか、水の流れはどうなっているのか…。そこで必要になるのが国土地理院発行の5万分の1地形図や2万5千分の1地形図だ。地形がより詳しく分かるのは後者で、かなり忠実に地形が再現されている。5万分の1地形図は、2万5千分の1地形図が4枚で1枚である。ひと目でその周辺の地形が分かるので、使い分けるとよいだろう。

地図とは立体の地形を2次元の平面に投影させたものである。地図を読むためには、そこに記されているマークや図形の意味を知らなければならない。地形図には下に凡例が記されているのでそれを見れば確認できる。

山間部の地図を広げると、まず目に付くのは複雑に入り組んだ線。これは等高線と呼ばれ標高を表わしている。2万5千分の1地形図では1本ごとの間隔は10m、5万分の1地形図は20mである。線の途中に300などと入っているのは、標高300mであることを示している。現在地の標高を知るには、自分がいると思われる地点の一番近い部分の標高を見て、標高が記されたところまで何本目の線になるかを数える。そのためには高いほうがどちらにあるのか分からなければならない。地図で山を見ると、等高線の輪が徐々に小さくなっている。一番小さくなった部分が山頂である。輪が広くなっていく方向は裾野で、輪が広くなるに従って凸凹になる。山頂から見て凸方向に出っ張っている部分は尾根であり、凹方向になっているのが谷だ。

地形図に記された記号で、源流釣りに必要なものを図に示した。ただし注意すべき点がいくつかあるので簡単に述べておこう。

まず緑色の線（※緑色の個所は、実際の地形図ではすべて水色で表示）は水を表わすが、実際に現地に行ってみると、水線が始まっている場所よりもはるか上まで水が流れていることもある。逆に水がもっと下から出ている場合もある。これは季節や年の違いで水の出方が変わるからである。

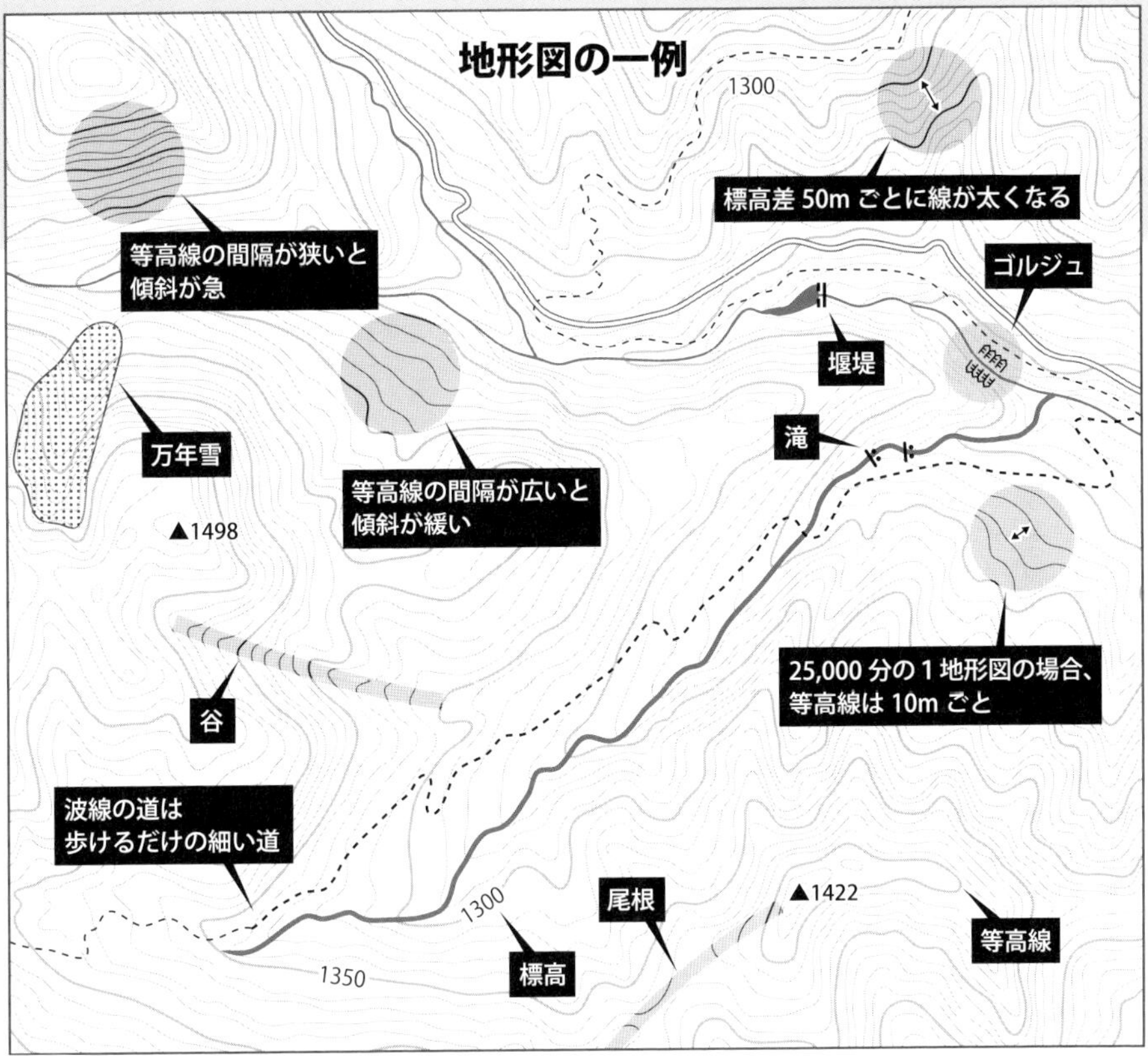
地形図の一例
1300
標高差 50m ごとに線が太くなる
等高線の間隔が狭いと
傾斜が急
ゴルジュ
堰堤
万年雪
滝
等高線の間隔が広いと
傾斜が緩い
▲1498
25,000 分の 1 地形図の場合、
等高線は 10m ごと
谷
波線の道は
歩けるだけの細い道
尾根
▲1422
1300
等高線
標高
1350

緑色の点々は雪渓を表わしている。雪渓といっても万年雪で、その場所には1年を通して雪が残っていることを示している。雪渓の長さは時期によって変わるので注意が必要だ。

水線の横に毛虫のようなマークがついている所は、川の岸が切り立っている。両側に毛虫のようなマークが続く場所は、ゴルジュあるいは通ラズと呼ばれる。これが狭く続いていればかなり険悪な場所といえる。水線に黒色で横棒と2点が記されている場所は滝である。あくまでも航空写真から滝が確認された場所なので、滝マークがなくても滝があることは多い。水線を上流に辿り、等高線が詰まっている場所や、くの字に曲がった所で等高線が飛んでいるような場所は、まず滝があると思って間違いない。横棒の上流側に破線があるマークは堰堤を表わしている。堰堤から水色の点線が続いているのは、発電所に水を運ぶための水道管だ。地下にある場合が多いのだが、発電所付近では出ているところもある。登山道やはっきりしたゼンマイ道等は、黒色の点線で表わされているので入渓の参考になるだろう。山をまっすぐに突っ切っている実線は送電線で、このような人工物は自分の位置を知る目印になる。送電線の位置を谷から見上げて確認しておくと心強い。

地形図を見てから現地へ行き、頭で描いていたイメージと実際の地形とを照らし合わせることに慣れてくると、地形図を見るだけで行きたい渓がどんな感じなのか分かってくる。そうなると地形図のすごさが改めて分かる。

現在、国土地理院では明治時代から使われている日本測地系で作られた地図から、世界測地系で作られた地図に変わりつつある。世界測地系の地図は以前の地図と比較すると図郭が大きくなっていて、重なる部分がある。以前の地図なら地図の端を折って、地図同士を合わせることで別の地図にまたがっている地形も見やすかったのだが、今度の地図は重ね合わせるようなので少し面倒である。場所によっては、以前の地図と新しい地図が混ざっているので、なお面倒なことになっている。そういった場所は、国土地理院の電子地図閲覧システム「地理院地図」やフリーの地図ソフト「カシミール3D」から開いて印刷すると区切りのない地図を見ることが可能だ。また山域によっては、登山用の地図、昭文社の『山と高原地図』なども活用できる。源流を安全に歩くために地形図は必要不可欠である。

地図とともに必要なアイテムがコンパスである。コンパスがなければ地図をフルに利用することは難しい。コンパスを使って地形図を読む場合は、磁北線という線を地形図に書き込むとより正確なコンパスワークが可能になる。

地形図は上が北（北極点方向）になるのだが、コンパスの北は磁北（真北）を差す。これが少しずれている（偏差）ので、修正する必要がある。地形図を磁北に合わせるための線である。磁北線の書き方はコンパスを購入すると説明書に書いてある。コンパスの正しい使い方も説明書に書いてあるのでしっかり読んでおけば間違いないだろう。

ハンディーGPSは優れた地図&ナビツール

GPSという言葉を知らない人は、今やほとんどいないだろう。カーナビやスマートフォンにも組み込まれているし、正確な仕組みは分からずとも、なんとなく現在地を受信するシステムだということは分かるはずだ。GPSは、グローバル・ポジショニング・システムの略。これはアメリカの全地球測位衛星システムのことを示しているが、実際にはロシアの衛星測位システム「GLonass」や、最近日本が打ち上げた準天頂衛星「みちびき」も利用している。

いまや地球の周りには、いくつもの人工衛星が回っている。GPSを使って自分の位置を知るためには、人工衛星からの電波（測位信号）を3個以上受信する必要があり、多くの信号を受信することによって精度が上がっていく。4個以上の測位信号を受信すると3D測位と表示され、誤差は3〜5m未満になる。また、「みちびき」のように日本の真上を通るような人工衛星からの信号は、人工衛星が天頂に来た時は信号の仰角がなくなる。したがって高層ビルの間や山間部の谷、あるいは森の中でも精度が上がる。ただし、まだ日本の真上を通る人工衛星は1個しか飛んでいないので、天頂から受信するには時間の制限がある。

ハンディーGPSがあると、ヤブ漕ぎや山越えなど、川を離れた時に大変重宝する

精度が格段に向上した現代のGPSは、日常生活においてもすでになくてはならない存在である。これを源流釣りに活用しない手はない。山越えで隣の沢に入りたい時、ヤブ漕ぎで登山道に出たい時など、とても重宝する。

「スマホにGPSが付いているからいいや」と考える人もいるだろうが、やはりGPS機能に特化した製品は使いやすい。たとえば車のカーナビでも、たしかにスマホで同じことができるかもしれない。だが実際に使うとなると、画面のサイズ、操作性、夜間の見やすさなどで、やはりカーナビに軍配が上がるだろう。ハンディーGPSもバッテリーの持ちや地図の細かさ、操作性、画面の見やすさはスマホよりも格段上だ。たとえばハンディーGPSを昔から作り続けているガーミン社の製品などは、長年専門家が開発を続けてきただけあって使いやすい。

ハンディーGPSを選ぶ時は、高価だが地図が表示されるタイプで、国土地理院の2万5千分の1地形図をもとにしたものがよいだろう。ガーミン社がオリジナルに作った日本登山地図（TOPO 10MPlus）は見やすい。これだと等高線は10m単位で表示される。地図を見ながら、自分の行きたいルートを作って、ナビさせることが可能だ。

天気の事前チェックと判断

天気の事前チェックは欠かせない。インターネットの天気予報で、入渓する1週間ほど前から天気図の動きや天気予報をチェックすることで、当日の天気予測がある程度できる。天気図を見るうえで重要なのは低気圧の動きと前線の位置だ。動きの方角や速度、強さでどの程度雨が降るかを予想することは可能である。入渓前に大雨が降った時は計画をあきらめる。入渓中に大雨が予想される場合は、日程のどの辺りで大雨になるかをシミュレーションする。下山日に帰れなくなりそうなら計画を断念する。

厄介なのが前線の動きだ。特に梅雨の前線と秋雨前線には注意したい。梅雨の前線は湿った南の風を呼び込むことで大雨になる。2014年の広島の災害も、この前線による大雨で起きた。前線は北の冷たい空気と南の温かい湿った空気がぶつかる所にできる。そのため前線は停滞しやすく、そうなると付近で局地的な雨が断続的に続くことがある。

夏の夕立は日中に熱くなった地表によって、水蒸気を含んだ温かい空気が一気に上昇気流に乗り、上空の冷たい空気で冷やされることで水蒸気が雲になり、雨に変わって落ちてくる。しかも、雷は上昇気流の摩擦で起こるので、雷と雨がセットになっているのだ。

台風は大雨が降って風も吹くが、通過するのは早い。台風そのものがすぐに通り過ぎてくれればいいのだが、太平洋上に居座ると日本列島には前線ができやすくなるので要注意だ。また、前線に沿って台風が進んで来ることも多い。台風が発生して、動きが遅く、前線が日本列島にかかった時は迷わず入渓をやめたほうがよい。ただ、台風が抜けていくだけなら、山にいて台風が来ても安全な場所にいて動かなければ、やり過ごすことができる。

源流の気象による事故は、増水しているにもかかわらず下山しようと動いてしまうことから起こりやすい。また、雨が降っているのに、川床の低い所や土砂崩れが起きそうな斜面の下に幕場を設けていることも事故のもとになる。

増水しそうな雨が降ったら安全地帯で動かないこと。そのためには、水をきれいなうちにできるだけ確保しておく。薪も充分に集める。そして、無理に下山しなくてもよいようにあらかじめ予備日を多く設定しておくことである。また、山の地形がスラブ状になっている山域では、わずかな雨でも増水するスピードが早いので、雷の音や空の変化に注意すること。少しでも雲が多くなってきたら、行動を中止して、高い場所に逃げることだ。

4章

源流釣り

エサか毛バリかは
アナタ次第

エサ釣り編

必要な道具、仕掛け、エサ、結び

源流釣りのターゲット

源流にいる魚は主にイワナで、場所によってはヤマメやアマゴもいる。イワナは地域で種類が異なるといわれ、おおまかには北海道から東北北部ではアメマス系のエゾイワナ、北海道のオショロコマ、本州、新潟はニッコウイワナ、中部はヤマトイワナ、中国地方のゴギに分けられる。東北南部から本州、中部の源流はこれらが混ざっている川が多い。

ヤマメは東北から本州、アマゴは中部から中国地方、そして九州はヤマメとなるが、混生する川もある。ダム湖がある源流には一部ウグイも生息する。

魚止と呼ばれる大きな滝の上流に魚はいない。しかし昔から職漁師や釣り人が入っている川では、その上に魚を放している場合も多い。滝がほとんどなく、水がなくなる付近まで魚が生息する川もある。また北海道の源流部にはニジマスのいる川もある。

タックル−サオは丈夫な先調子を

サオは、硬調〜硬硬調子が取り込みや抜き上げが容易で使いやすい。中でも穂先が強いものが理想だ。カタログ値では先径が1㎜以上なら丈夫で折れにくいといえる。標準的な長さを選ぶなら5・4mだが、滝壺や大川では短く感じる。6・1mならほぼ大丈夫だろう。マルチフレックスタイプのサオは、元ザオを1段詰めれば50㎝、2段なら1m前後短くできる。この機能がないサオは縮めた時にジョイント部を持つ。またヤブ沢では4・5m前後のサオが使いやすく、2種類の長さを持っておきたい。

仕舞寸法は長すぎるとザックに収まらず、短すぎても伸ばすのに手間がかかり、手入れも大変だ。6mクラスなら50㎝前後の仕舞寸法が適当だろう。

購入の際は店で伸ばして確かめる。サオを片手で上下に振り、ガタつきがないか、全体に張りがあるか、振れがすぐに止まるかを注視する。源流ではサオは濡れたまま伸ばし、縮めて収納を繰り返すことが多いので、固着しにくい塗装のものがよい。サオを伸ばす時は必ず穂先から、縮める時は元側から行なう。途中からすると中でサオ同士が詰まったり、内側の繊維が割れて剥がれる可能性もある。

帰宅後の手入れも大切だ。濡れたサオを放置すると塗装が浮いたり、傷から水が浸透して劣化する。必ず尻栓を開けて1本ずつ抜き、乾いた布で拭いて風通しのよい所に立てて乾燥させる。また塗装が剥がれて傷ついた部分は、クリヤーラッカー等のスプレー液を薄く吹き付けるのも効果的である。

エサ釣りの道具類

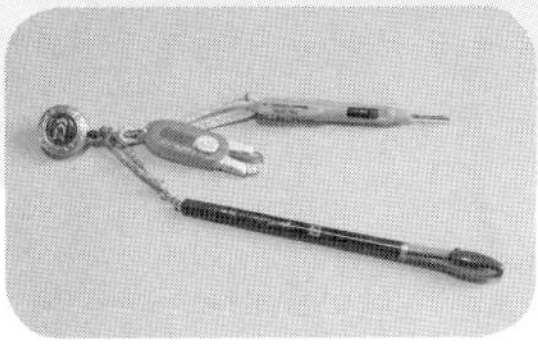

頻繁に使う小道具はピンオンリールなどでまとめておくと便利

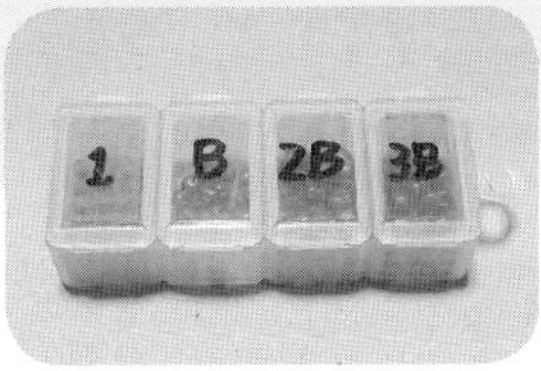

オモリのガン玉はサイズ別に分けて収納する

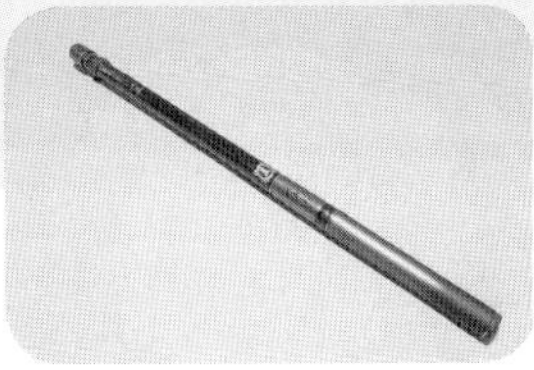

仕舞寸法の短い渓流ザオ

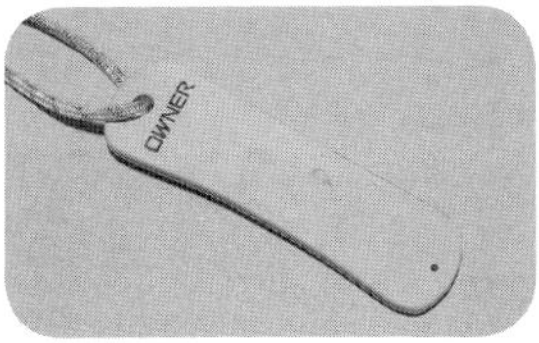

ハリ先やナイフの刃を研ぐための砥石

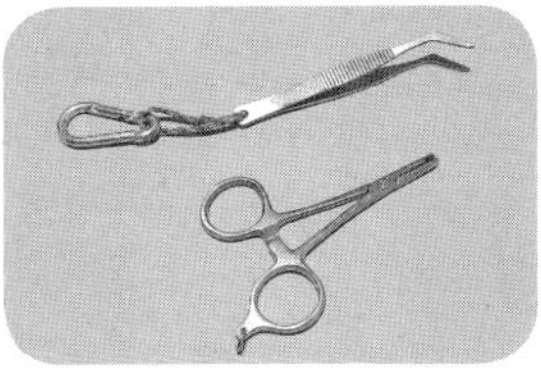

上＝ピンセット、下＝ガン玉外し

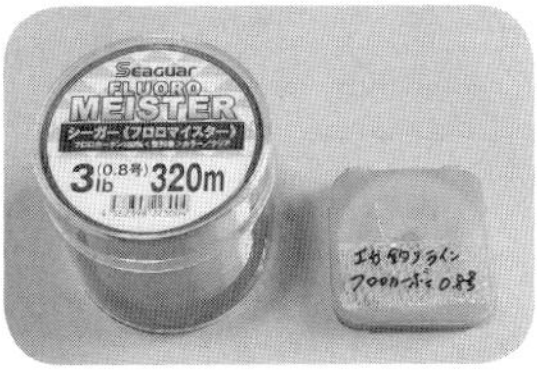

ラインは徳用スプールを購入し別のスプールに使うぶんだけ巻いて持っていく

魚を生かしておくための網とズックビク

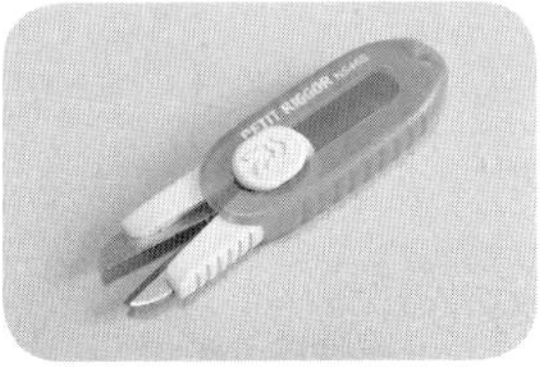

押し出し式の小型ハサミ

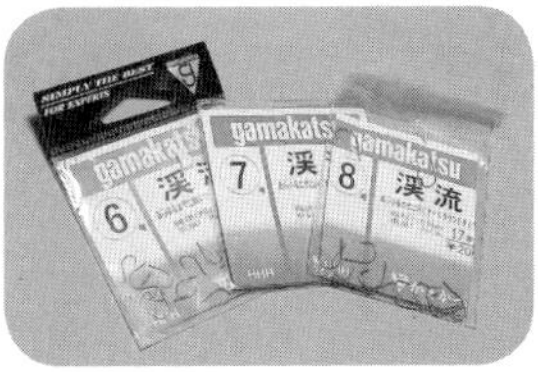

ハリは渓流7号が標準

釣具店で購入できるエサ。左からミミズ（キヂ）、ブドウムシ、イクラ

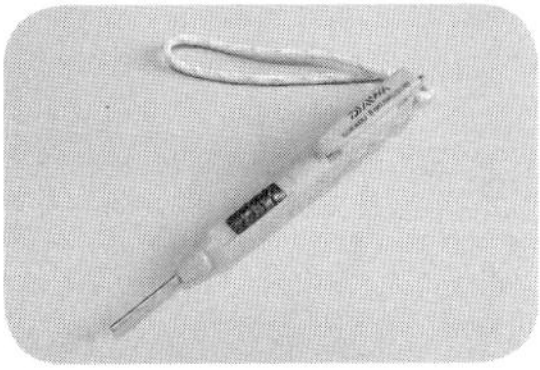

8の字結び器。小さなチチワが簡単にできる

化繊タイプの目印

川虫を模した生分解タイプのソフトベイト（人工エサ）

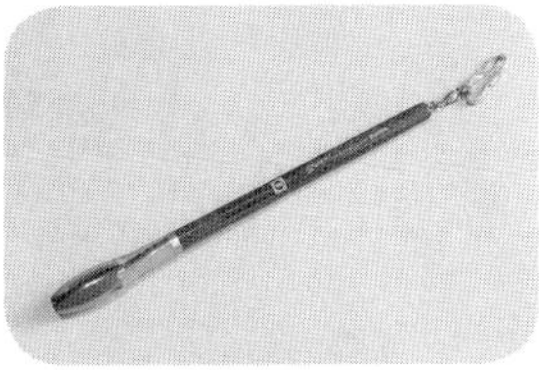

ハリ外し

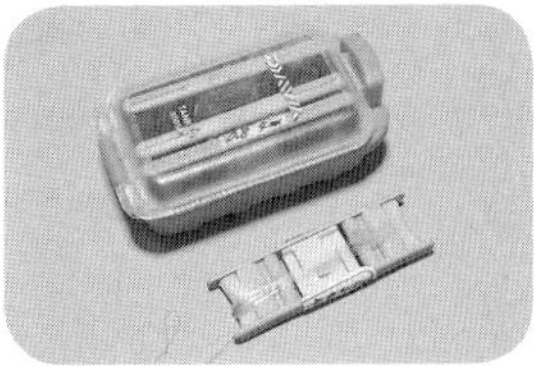

仕掛けは小さな仕掛け巻きに作っておく

仕掛けはフロロカーボン通し

ラインはフロロカーボン素材が擦れに強く張りがあり、比重が大きく沈みやすい。ナイロンも水なじみはよいが伸びやすくアタリが取りにくい。水を吸うと強度が落ちるので保管にも気を使う。源流では魚を抜き上げたり、足場の悪い所で強引に引き寄せることが多いので0・8～1号を使うことが多い。

仕掛けはシンプルな通し仕掛けでよく、天井イトは必要ない。切れたら張り変えるかイトを足す。長さはポイントで使い分ける。滝壺ではサオいっぱい、木が被る所では継ぎ数4本分くらいの短めが使いやすい。仕掛けを入れる時はサオを伸ばし、歩く時は縮めて継ぎ目の部分をラインと一緒に持つ。

極端なヤブ川ではチョウチンと呼ばれる50㎝～1mの仕掛けも使う。この場合、オモリがないと仕掛けがヤブの中でコントロールできなくなるので、目印は1つでもよいがオモリは必ず付ける。

ハリは大きめをチョイス

ハリは渓流7号が標準。形は好みでよいが、袖バリタイプが向こうアワセでもハリ掛かりしやすい。ある程度の硬さがあり、簡単に折れたりフトコロが伸びないことも大切。小バリは魚の口に弾かれる可能性もあるので、ガッチリとハリ掛かりする大きめを使うのがよい。また、岩や底石で擦れると先が甘くなるのでハリを交換するか、携帯砥石でハリ先を復活させる。ハリ外しを持っていると、飲まれた魚にダメージをあまり与えずに外すことができるので、リリースする際も役に立つ。

目印は見やすいものを小さく

目印は視認性がよく、風の抵抗が小さいものを使う。渓流やアユ釣り用の化繊目印を色別に20～30㎝間隔で2、3個所結ぶ。チョウチン仕掛けの場合は1つでもよい。そして風の抵抗を最小限にするため、見える程度に小さくカットする。

目印は水深に応じて位置を変えるが、ラインを切らないように注意。またラインをキンクさせるように結ぶと動かなくなる。結びが甘いと勝手に動く。適度に可動性があり、不用意に動かない結び方をしたい。目印を動かす時は、ラインをピンと張った状態で行なうと動かしやすい。

オモリとハリスの長さの関係

オモリはガン玉のB～3Bを水深や流れの強さに応

初心者向けのエサ釣り
仕掛けと各部の結び

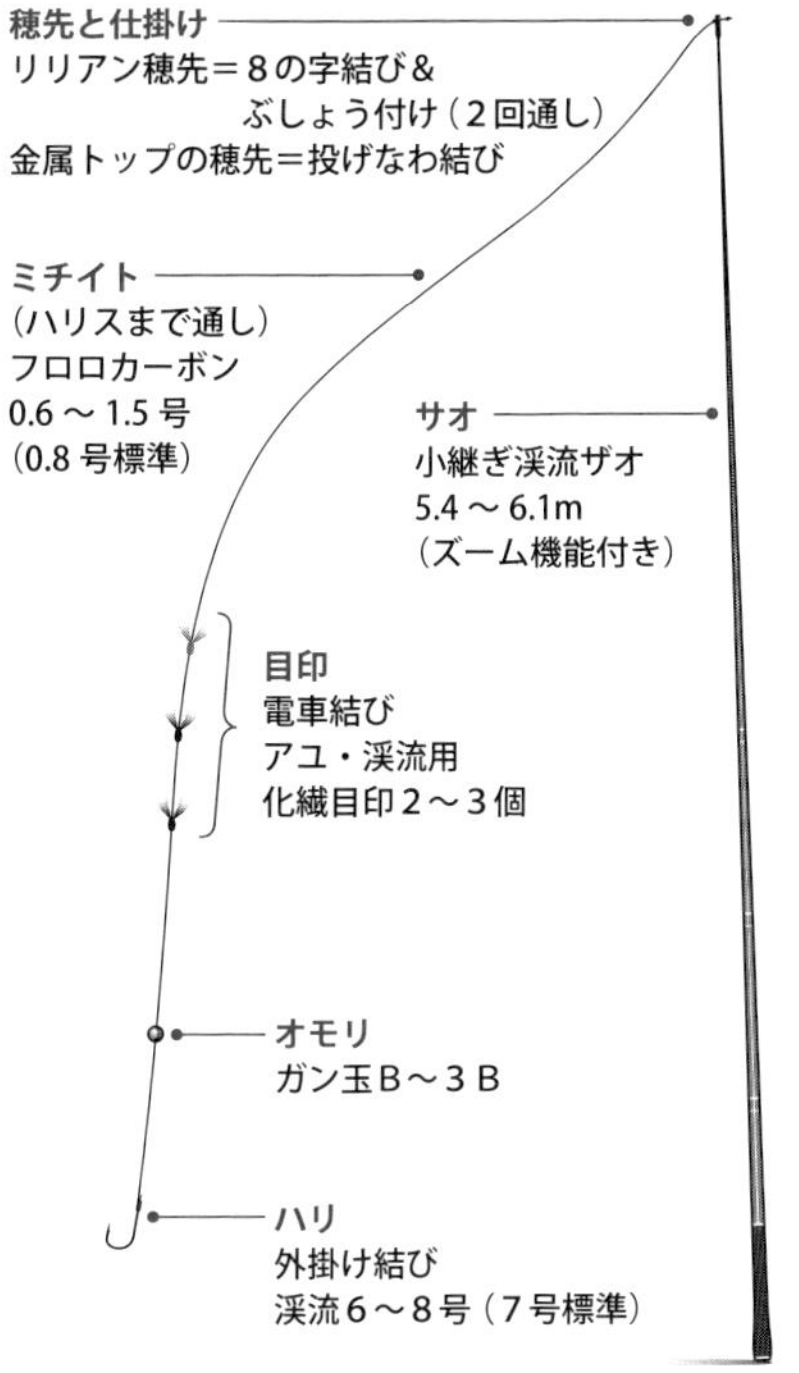
穂先と仕掛け
リリアン穂先＝8の字結び＆
ぶしょう付け（2回通し）
金属トップの穂先＝投げなわ結び
ミチイト
（ハリスまで通し）
フロロカーボン
0.6～1.5号
（0.8号標準）
サオ
小継ぎ渓流ザオ
5.4～6.1m
（ズーム機能付き）
目印
電車結び
アユ・渓流用
化繊目印2～3個
オモリ
ガン玉B～3B
ハリ
外掛け結び
渓流6～8号（7号標準）

じて変える。浅い流れでは軽いオモリをハリから5～10㎝の位置に付ける。深いポイントや押しの強い流れでは、重いオモリをハリから10～15㎝離して付ける。滝壺や大淵を釣る時は、1号玉などの大きなオモリも使うが、3Bを複数付けてもよい。付ける位置はハリから20～30㎝と長めにする。

浅い流れで重いオモリは根掛かりしやすい。また、オモリ～ハリ間が長いと流しにくい。そこでオモリを軽く、ハリまでの間を短くすると流しやすくなる。深いポイントや押しの強い流れでは、流れに仕掛けをなじませるために重いオモリを使う。オモリ～ハリ間を長めに取るのは、底近くの流れにエサを漂わせてナチュラルドリフト（自然にエサが流れる）を演出するため。滝壺や大淵でも同様にする。いずれにしてもオモリはポイントに応じてこまめに変えることが大切で、そんな時のためにガン玉外しがあると重宝する。

エサは事前に用意しておく

源流ではエサを取る時間がもったいないので、ブドウムシやミミズ（キヂ）を購入して持参する。現地で余裕があれば川虫やバッタ、トンボ、ブナムシなどを取って使うと釣果が上がることも多い。

ブドウムシは尻からハリを入れて頭の手前でハリ先を止めるように刺すと、ハリが隠れて抜けにくい。ミミズは太くて大きいものを選ぶ。エサ付けはハチマキの部分を避けてハリを入れて通し刺し、まっすぐに付ける。トンボ、バッタは、羽根を短く切って背中にチョン掛けして生きた状態で水面に浮かべる。死んだりエサを水中に沈めると食いがとても悪くなる。

川虫のオニチョロやヒラタは、尻からハリを入れて足の部分からハリ先を横に抜くように掛ける。予備として最近市販されている川虫の人工エサも持っていると、いざという時に使える。

●源流釣りのエサ例

大イワナをねらって釣行する人は特効エサのドバミミズを持参することもある

ミミズ（キヂ）は、上部のハチマキ部分を避けてハリを刺す

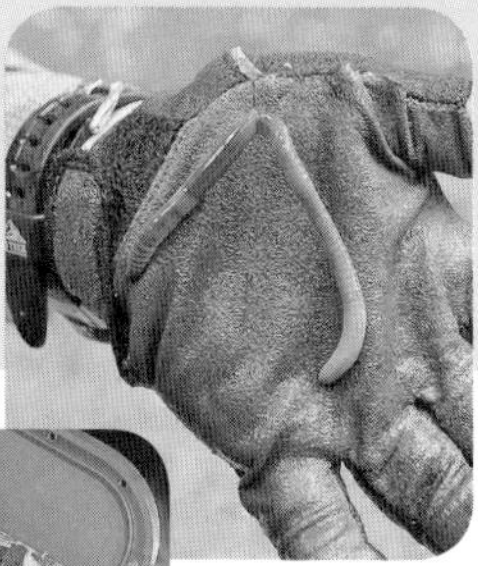

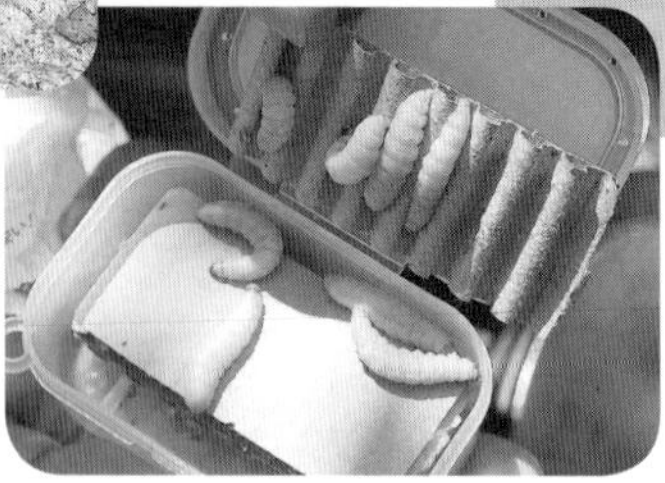

ブドウムシ。ハリはお尻から頭側に刺す

川虫は現地で採取できるエサ。写真はオニチョロと呼ばれるカワゲラの幼虫。体長２〜３㎝で流れの石裏に張り付いている。ハリはお尻の尻尾の間から刺して後ろ脚あたりから胴の横に抜く

8の字結びでダブルチチワを作る（穂先とイトの接続の準備）

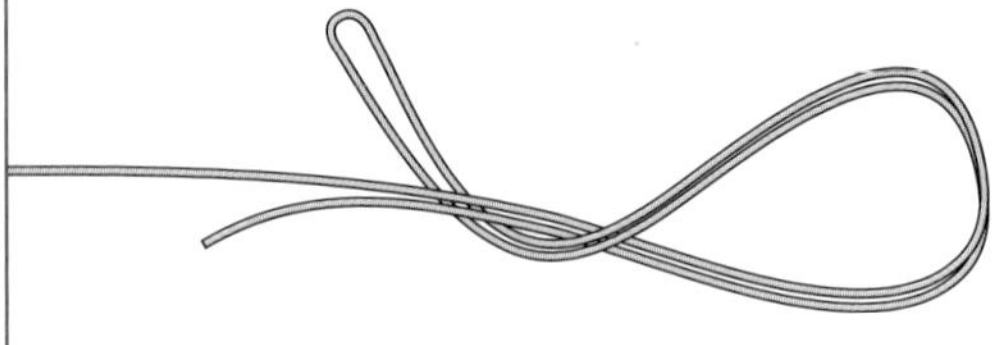

① ２つ折りにしたイトを図のように折り返してひねる

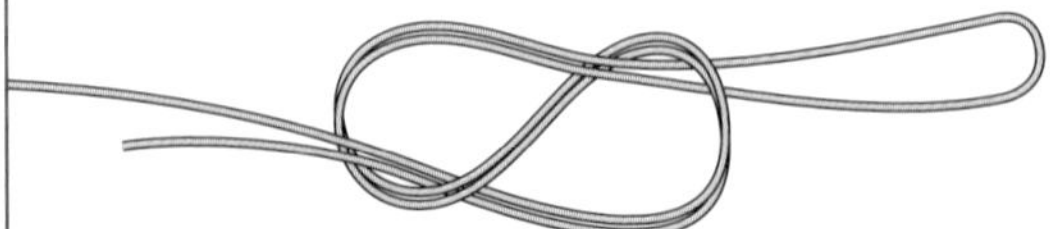

② ①で作った輪に先端部を通す。結び目となる部分が8の字になっていることを確認して、チチワになる輪のサイズを調節する

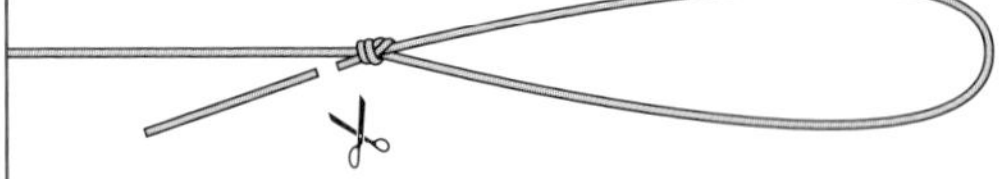

③ 両側のイトをゆっくり引き締めるとチチワの出来上がり。余ったイトを切る

④ 先端側に、同じ要領でもう１つ小さなチチワを作る。ダブルチチワの完成

ぶしょう付け（穂先とイト）

① 大きなチチワの中に親指と人差し指を差し込む

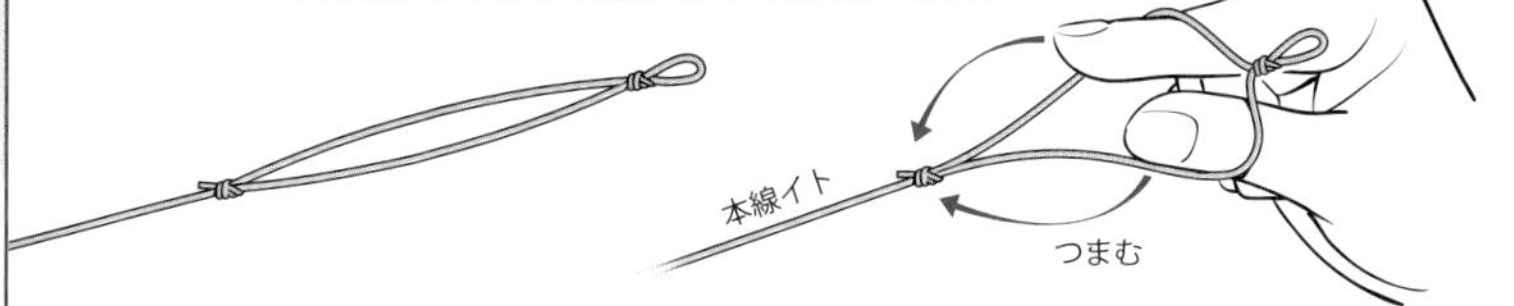
本線イト
つまむ

② 本線イトをつまんでチチワの中に引っ張り込む

③

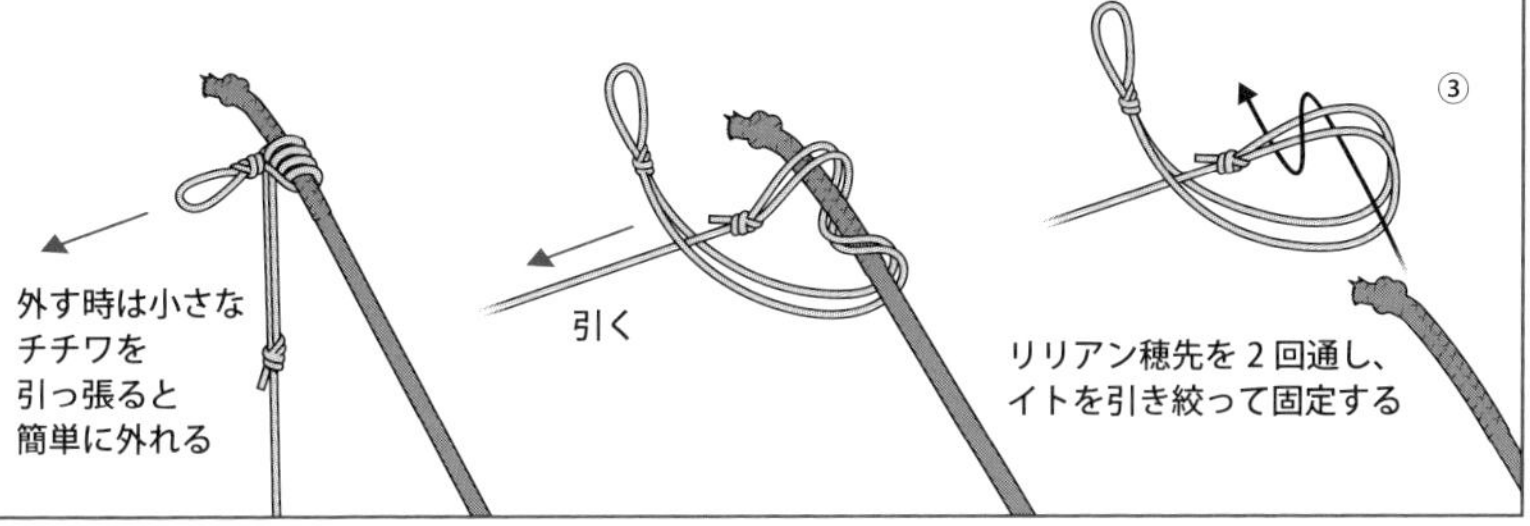
外す時は小さな
チチワを
引っ張ると
簡単に外れる
引く

リリアン穂先を２回通し、
イトを引き絞って固定する

投げなわ結び（穂先とイト）

① ８の字結びでイト抜け防止のコブを
１～1.5cm 間隔で２つ作る

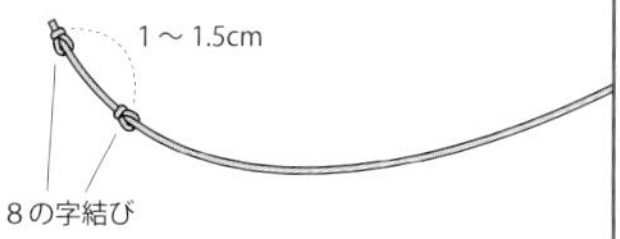
1～1.5cm
8の字結び

② 折り返して図のようにイトを回す

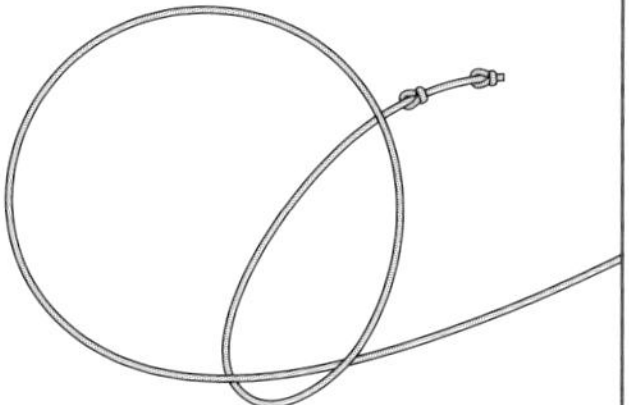

③ さらに図のように端イト側を回して
輪をくぐらせる

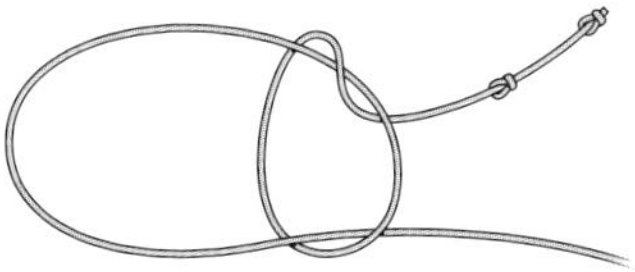

④ 手前側のコブの際で止まるようにチチワを作り、
金属トップの穂先にチチワをかける

⑤ 本線イトを引き絞って穂先に固定する。
外す時は先端側のコブをつまんで
引っ張ると簡単に外れる

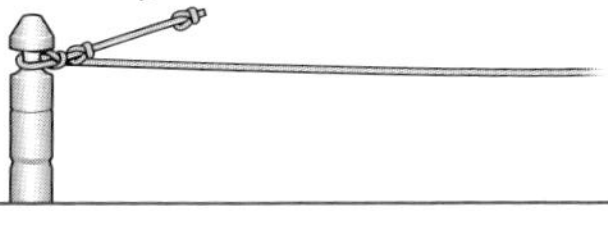

電車結び（イトとイト）

① 2本のイトを重ねて図のように輪を作り、
輪の中に端イトを通す

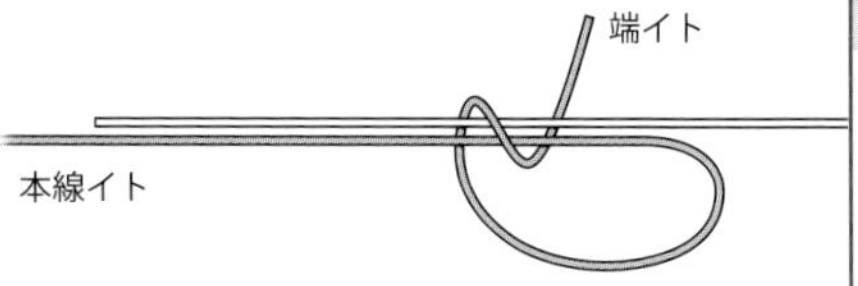

② 同様に3～5回通す

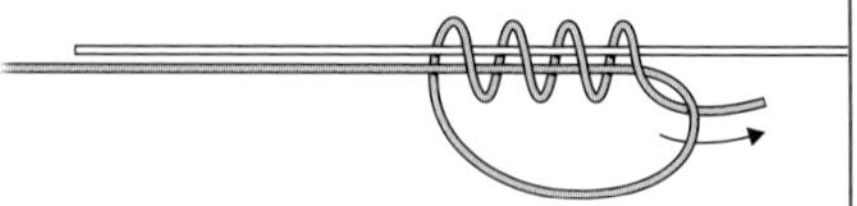

③ 輪を作ったイトの端イトと本線イトを
ゆっくり引き締めて結び目を作る

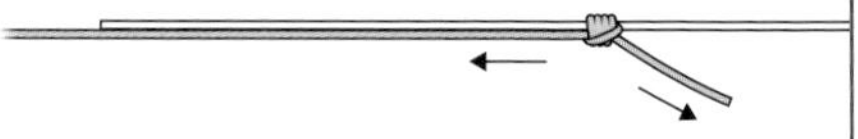

④ もう一方のイトも同様に、
同じ回数を通して結ぶ

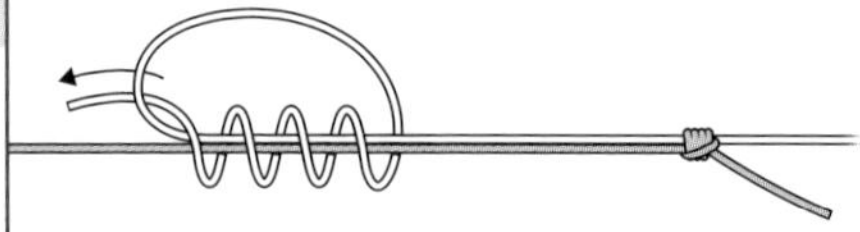

⑤ 結び目が2つできる

⑥ 左右の本線イトをゆっくり引き締めて
移動させ、結び目を1つにする。
余りのイトを切って完成

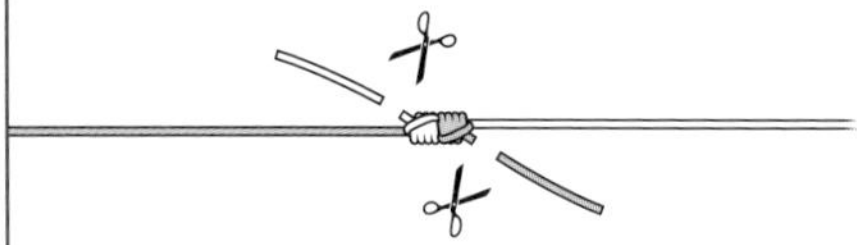

電車結びを利用した目印の付け方

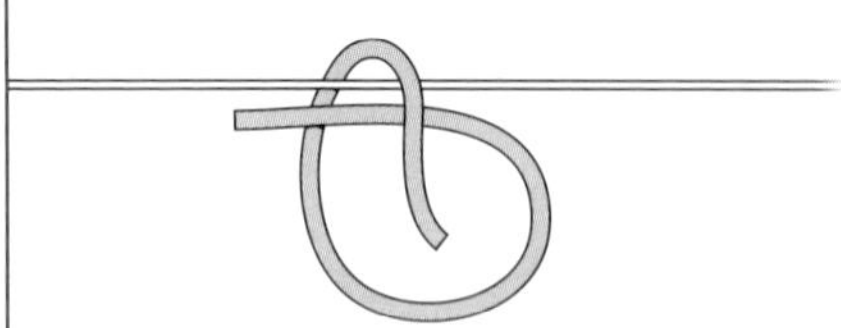

① 3～4cm にカットした目印で輪を作り、
目印の片方の先端を輪に通す

② 2回通して軽く引き絞る

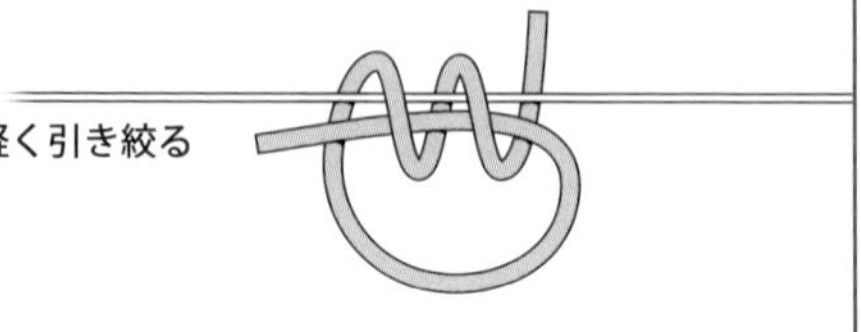

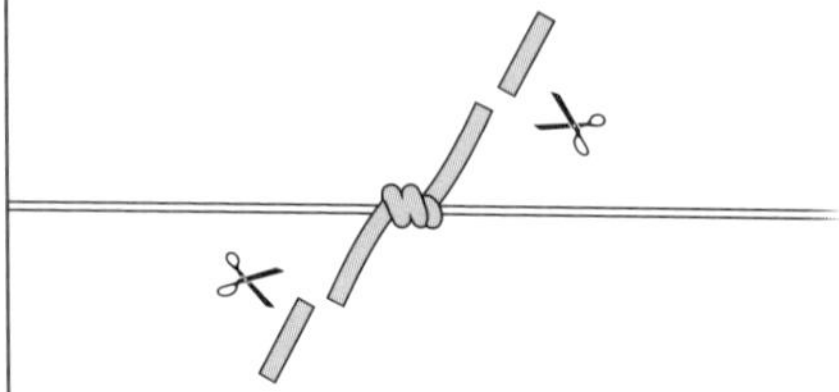

③ 目印のスライド加減をみながら
少しずつ締め込んでいく。
最後に目印を好みの長さにカットして完成

ダブルクリンチノット（毛バリとイト）

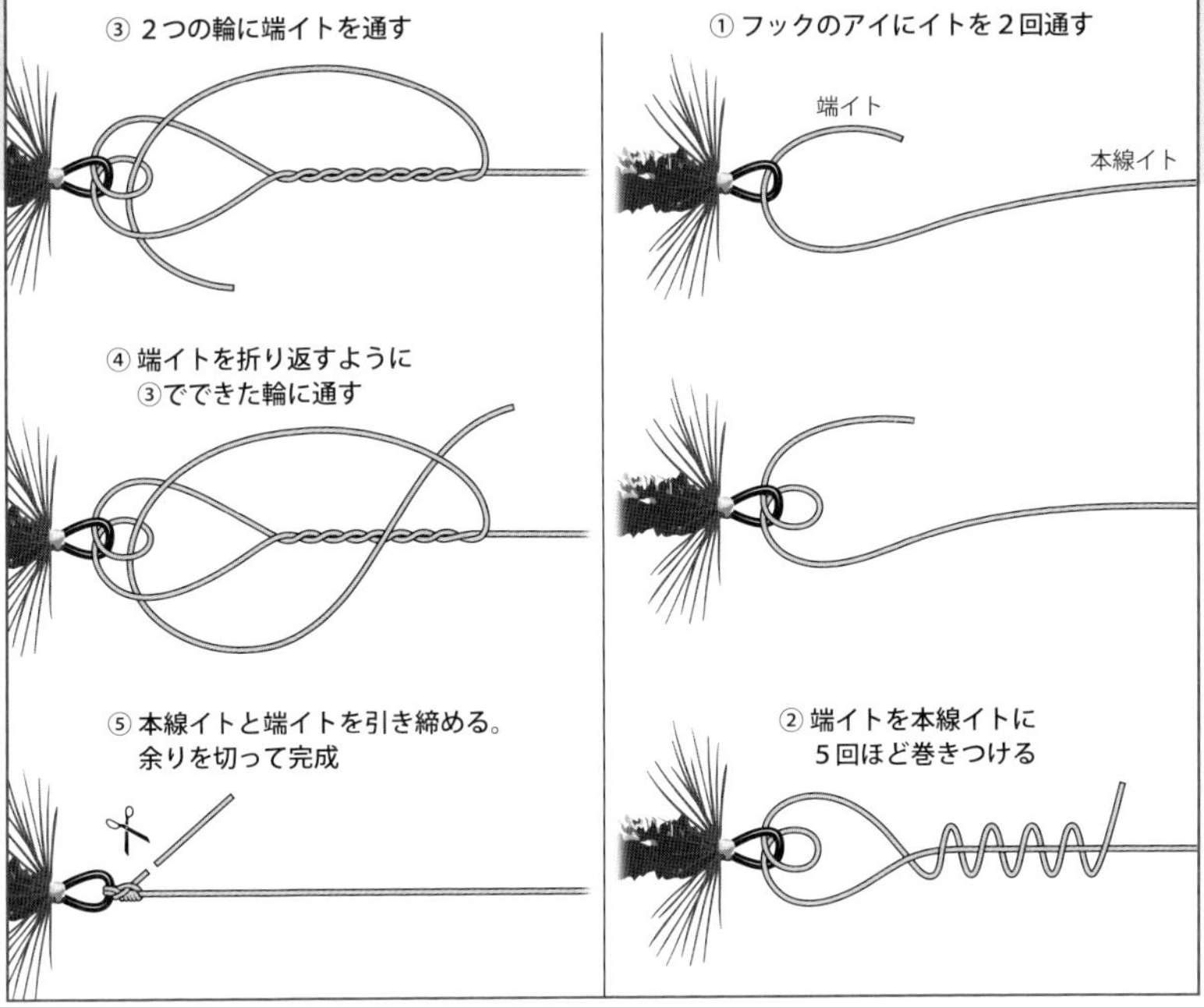
①フックのアイにイトを２回通す
端イト
本線イト
②端イトを本線イトに
５回ほど巻きつける
③２つの輪に端イトを通す
④端イトを折り返すように
③でできた輪に通す
⑤本線イトと端イトを引き締める。
余りを切って完成

外掛け結び（ハリとイト）

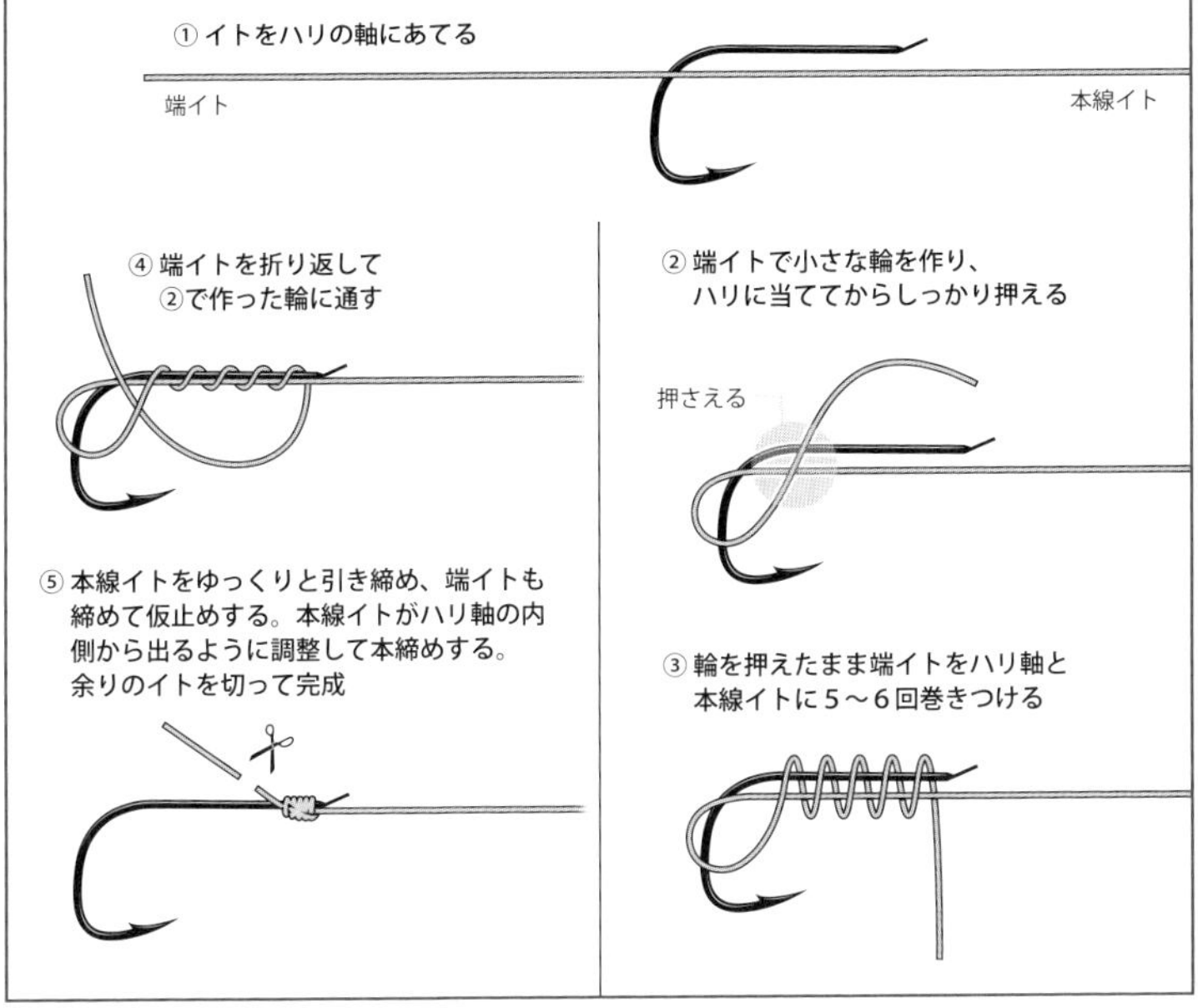
①イトをハリの軸にあてる
端イト
本線イト
②端イトで小さな輪を作り、
ハリに当ててからしっかり押える
押さえる
③輪を押えたまま端イトをハリ軸と
本線イトに５～６回巻きつける
④端イトを折り返して
②で作った輪に通す
⑤本線イトをゆっくりと引き締め、端イトも
締めて仮止めする。本線イトがハリ軸の内
側から出るように調整して本締めする。
余りのイトを切って完成

サオの持ち方、構え、振り込み

サオの持ち方と構え

渓流ザオは、5・4mで150gにも満たない重さのものが多い。それでも一日中振っていると腕が疲れてくるが、持ち方次第でその疲労はかなり軽減される。

片手でサオを持つ時は、グリップの少し前を人差し指と親指で挟むようにして、中指から小指で握るように持つ。そしてグリップの尻を手首側の下に当てる。次に、肩の力を抜き、脇を締めてヒジを脇腹に付けて、サオ先が自分の前にまっすぐに来るように構える。これでサオの位置がピタリと決まってブレが止まり、操作しやすくなる。大切なのは脇を締めること。脇が開いたり、ヒジが上がるとサオの重みが肩に掛かり、時間が経つにつれて手や肩が疲労してくる。

グリップエンドを持つ人をよく見るが、この場合どうしてもサオが前に出て脇が開いてくる。さらにサオを高く上げたくなるので疲れも早く、手首に掛かる負担も大きい。これは振り込み時にも関係してくるので、グリップエンドは手首の後ろの下側に付けることを習慣にしたい。

長めのサオを両手で持ちたい時は、サオ尻のグリップを手のひらで包むように握り、脇を締める。反対側の手も脇を締め、親指と人差し指だけを開き、その上にサオを置くようにして軽くつまむようにする。そしてサオの位置は胸の前辺りに来るように構える。両手持ちは、片手持ちよりもブレが少ない安定した構えになる。

振り込み

基本はアンダーキャスト。サオと仕掛けが同じ長さの場合は、オモリの辺りを空いている側の手でつまむ。サオ先を少し下げて仕掛けを引きサオを曲げ、手首のスナップを利かせるようにサオを下から上にコンパクトに振り上げる。同時に仕掛けをつまんだ手を離す。すると曲がったサオが戻る反動で仕掛けが前に飛んでいく。

着水はエサからが理想。ポイントとの距離を目測し、最後はサオ先を少しだけ上げるようにして着水させる。エサを置きにいく感覚だ。この時大事なことは、腕の振りで振り込むのではなく、あくまでも手首のスナップを利かせ、サオ本来の弾力を利用して振り込むようにすること。

サオと同じ長さの仕掛けで振り込めるようになれば、短い仕掛けでも簡単にできる。仕掛けを手で持

●片手持ち

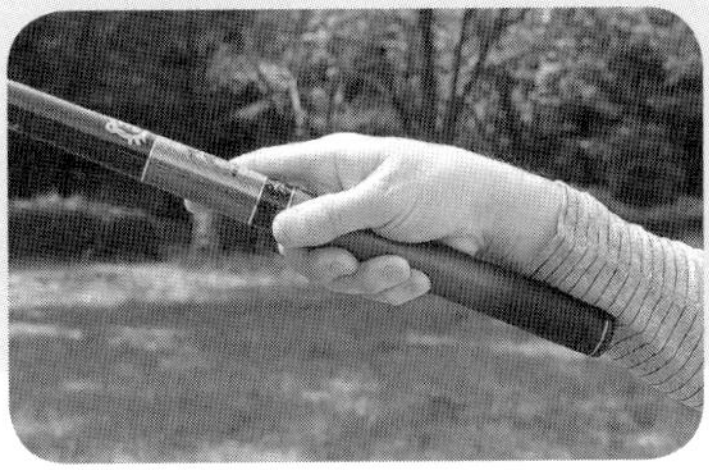

グリップエンドを手首の後ろに付けるようにして握る

脇を締めるとサオが安定する

短い仕掛けを使う時はサオを何節分か縮めて、振り出し口の部分を握るようにして持つとよい

●両手持ち

グリップを握った手の脇を締めて、しっかり腰に付ける

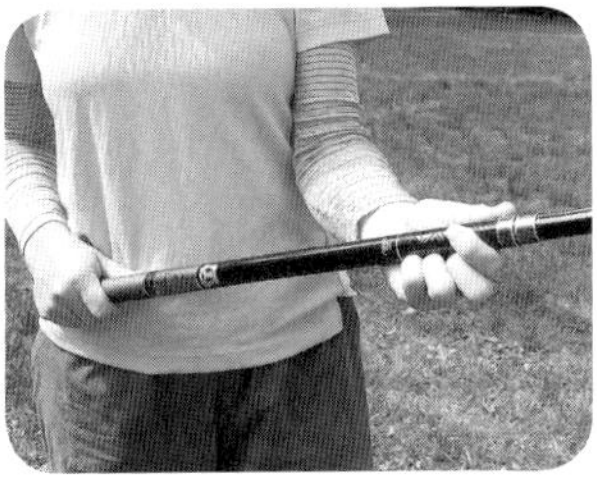

グリップを利き手でしっかり握って腰に付け、もう片方の手はサオを下から支える程度に軽く持つ

てない短い仕掛けは、サオ先を少し下げることで、仕掛けをいったん手前に引き寄せるようにする。それから手首のスナップを利かせてサオをコンパクトに振り上げれば、自然に仕掛けは前に飛んでいくはずだ。振り子を振るような感じである。

木が被っている場所ではサイドキャストする。仕掛けを一度下流側に流して、テンションが掛かった瞬間に手首を横にコンパクトに振ると仕掛けが横に飛んでいく。力を入れすぎると上手くいかないので、軽くスナップを利かせるようにしたい。

ボサ川でのチョウチン仕掛けの投入は、ヤブの中を引っ掛けないように仕掛けを水に流しながら、サオを伸ばしてポイントまで仕掛けを送り込むようにすればトラブルは少ない。回収する時もサオを縮めながら行なう。

両手持ちで振り込む時は、振り込み動作に移る前に一度サオを下流側に振る。仕掛けが下流に引かれて張った瞬間、ポイントから視線を外さず、サオ尻を握った手を脇から離さないようにして、もう片方の手でサオを振って振り出す。この時サオの弾力を充分に活かすイメージで振ると上手く飛ぶ。一見するとオーバーキャストのようだが、仕掛けの飛ぶ軌跡はサイドキャストのそれである。

渓魚はどこでエサを待っている？

主なポイント例

源流では滝の下には大きな釜や淵があり、ゴルジュの中には淵や瀬がある。それでも基本的には里の渓流と同じく流れは淵と瀬で構成されている。川床には石や岩盤がある。昔から「渓流魚は石を釣れ」といわれる。石は魚が隠れるのに適しているからだ。ゴルジュでも、岩盤で底に石がない場所に魚はいない。大水が出れば魚も流されてしまうからだ。魚がいるポイントは安定した石が底にある場所である。大きな石が点在する河原や淵には魚も多い。

●瀬、チャラ瀬

初夏から夏にかけて水温が上昇すると淵の魚がエサを求めて瀬に出る。大石がある瀬は魚の隠れ場所となるので期待できる。軽いオモリでハリまでの間を短くして、流れの速度に合わせて仕掛けを流す。目印の位置も浅めで根掛かりを防ぐ。石周りや深み、岸際のブッシュや木の陰は魚のいる確率が高い。

●落ち込みと白泡

落ち込みの白泡はシーズンを通して期待できる。白泡の中は魚が隠れやすい。しかし白泡の中にいるわけではなく、その下の底に付いていることが多い。落ち込み部分に仕掛けを投入し、白泡が消える辺りまで底付近を流す。そこはカケアガリなので少しずつ仕掛けを上げて根掛かりを防ぐ工夫が必要だ。

●瀬頭、瀬尻

朝夕のマヅメ時（日の出と日没近く）、魚が捕食に出てきやすいポイント。真ん中に大型魚が陣取る場合が多く、両岸側に「番兵イワナ」がいる可能性が高い。安易に岸際に立つと番兵を追ってしまうので、川下からゆっくり近づき、仕掛けが届くギリギリの位置から振り込む。瀬頭は急に流れが速くなるので仕掛けが浮かないように注意。ここに定位する魚は見つけやすい。見つけたら上流から仕掛けを流れに上手く乗せれば食ってくる確率は高い。

●深瀬、トロ

エサ釣りではかなり有効なポイント。ただし、小沢ではその前に番兵がいる場合が多いので、先に釣りあげるか、気づかれないようにポイントまで回り込み接近する必要がある。番兵を処理すれば奥の魚は容易に食ってくるはず。重めのオモリでハリまでの間を長く取り、底をゆっくりナチュラルドリフトさせる。目印の位置もタナ合わせをしておきたい。

●滝壺

大ものが潜んでいそうな気配がプンプンと漂う滝壺は、源流釣りのスポット的なポイントでもある。

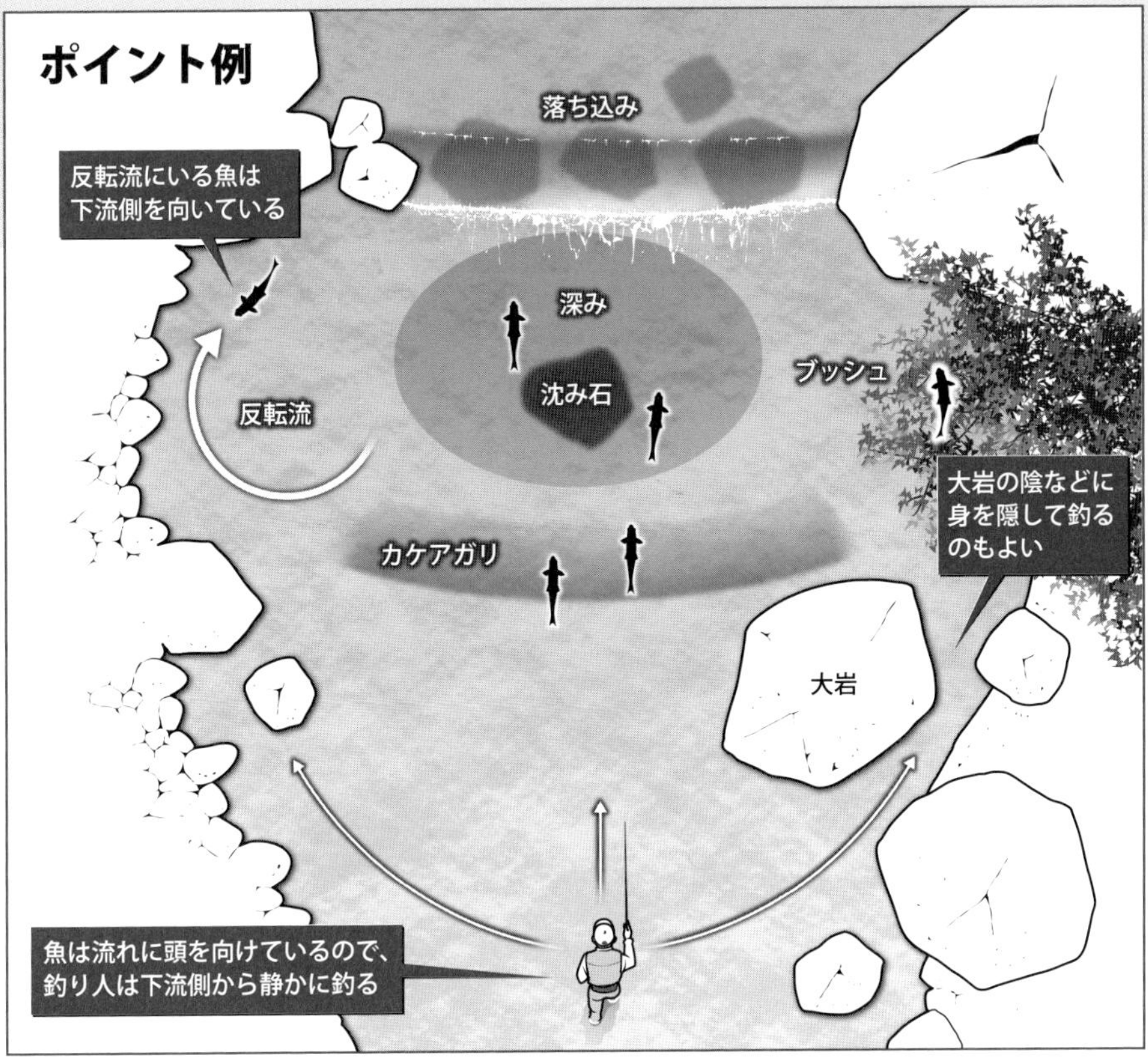
ポイント例
落ち込み
反転流にいる魚は
下流側を向いている
深み
沈み石
ブッシュ
反転流
カケアガリ
大岩の陰などに
身を隠して釣る
のもよい
大岩
魚は流れに頭を向けているので、
釣り人は下流側から静かに釣る

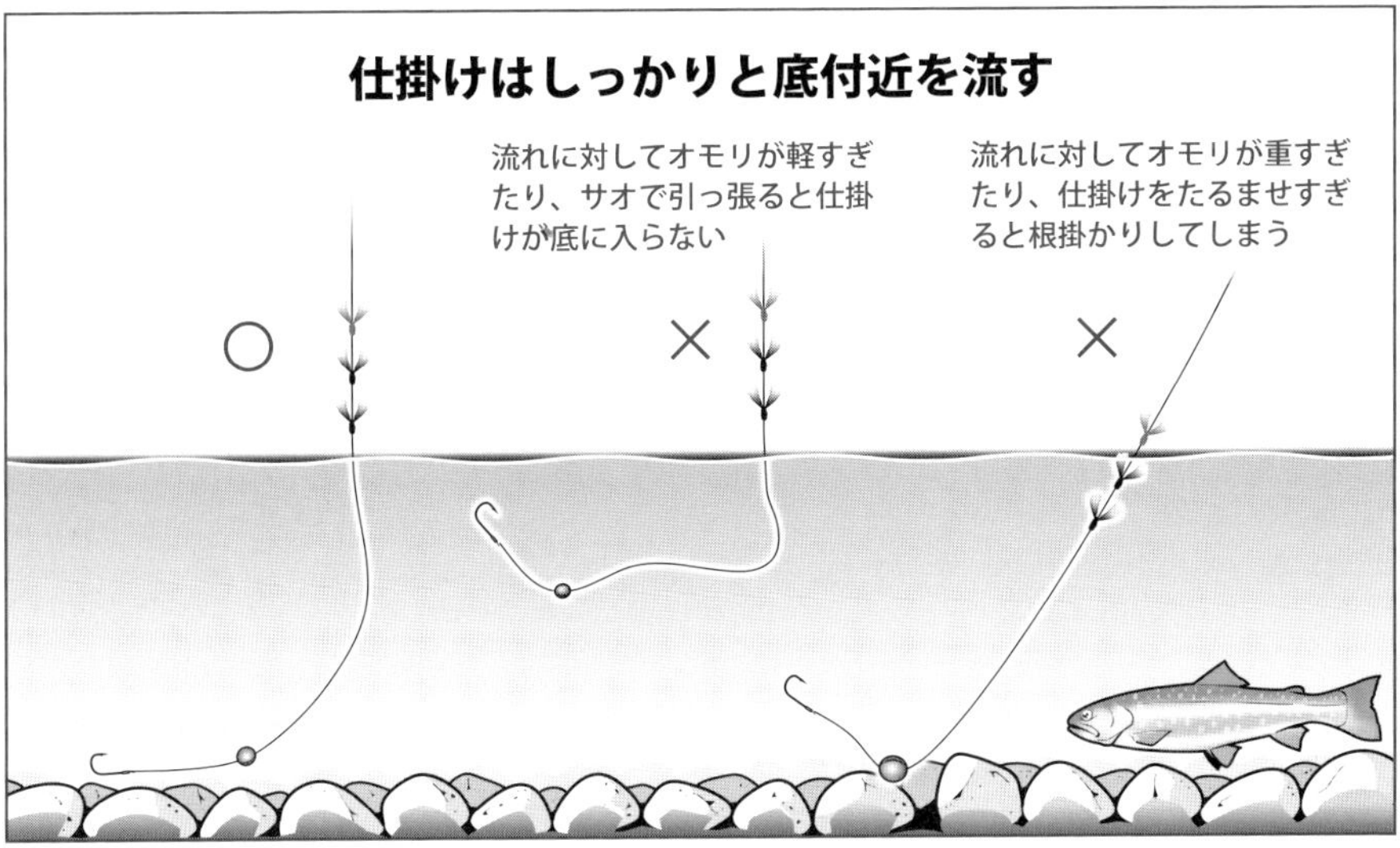
仕掛けはしっかりと底付近を流す
流れに対してオモリが軽すぎたり、サオで引っ張ると仕掛けが底に入らない
流れに対してオモリが重すぎたり、仕掛けをたるませすぎると根掛かりしてしまう
○
×
×

それは魚がこれ以上遡上できない滝があるからで、魚止と呼ばれる。滝壺にはどれくらいの数の魚がいるのか、また大きさも未知である。

　滝壺の攻略は、本体の手前から始める。滝壺から出てきた大型魚が手前のなんでもない流れにいることも多いからだ。手前をじっくり釣ってから、次に滝壺の流れ出しを何度も流す。滝壺にいる魚の捕食ポイントが流れ出しであることが多いからだ。徐々に滝壺に近づいたら、白泡の部分を流し、続いて両側の壁際を流そう。滝壺では1尾掛かっても、次にもっと大ものが食ってくる可能性が高いので時間を掛けて釣りたいところである。オモリは重めにして、カケアガリを意識して釣ることが大切である。

●さまざまなポイント例

沢との出合。合流点には魚が付きやすい

反転流。水深のある深瀬の両脇には緩やかな反対流が発生する。魚はこの反転流で、下流側を向いてエサを待っている場合が多い

落ち込みの巻き返し。落ち込んだ流れの両脇には反転流が発生する。そこに岩盤のエグレなどが組み合わさることで魚が潜むポイントになる

岩陰、流木周り。魚が身を隠しやすい所はすべてポイントになる

段差のある瀬1。石周りやちょっとした深みがポイントになる

岩盤のエグレ。強い流れが当たり続ける岩盤はエグレができていることが多く、魚が身を潜める格好のポイントとなる

段差のある瀬2。河原がある場合は、流れに入らず長ザオで遠くのポイントを釣ると魚に警戒心を与える危険が少ない

大淵。白泡の切れ目にあるカケアガリが本命ポイント。釣り人が立っている付近に番兵イワナがいることが多いので注意

トロ瀬のヒラキ（手前大岩の陰の辺り）。日中は番兵イワナ、朝夕は本命イワナのポイントになる

トロ淵。水深のある緩やかな流れは、魚を見つけやすいがこちらの存在も気付かれやすい。岩などの陰からそっとサオをだして釣るようにしたい

アプローチから取り込みまで

アプローチの仕方

源流釣りは、里川渓流、本流釣りと違ってポイントが限られる。そしてポイントの横に回り込んだだけで魚が釣れなくなることがある。イワナに関していえば、それは流れ出しにいる小さなイワナ（番兵）を追ってしまった結果である。源流釣りのベテランでもこのアプローチに無頓着な人が多い。

中規模の淵のポイントを例に基本的なアプローチを解説しよう。まず、低い姿勢を保ったまま、ゆっくりと川の中心を歩きながら淵に向かう。この場合は瀬の中を歩いていくことになる。ポイントの手前で、仕掛けが届くギリギリの位置からサオを振り、流れ出し付近に仕掛けを投入する。流すのは、流れ出しの中心部分と両側、石があればその前から石をすり抜けるように流す。番兵はこんな石の前に定位することが多い。繰り返すが番兵イワナを淵に追わないように釣ること。そして釣ったら下流に放す。

次に淵の中間の流れの真ん中を流す。目印の位置を移動してタナを深めにしておくことを忘れないように。ここでイワナが掛かったら、一気に手前に寄せてキープしておく。淵は徐々に深くなるので、そこから横に回り込むようにして、最後に淵の奥にある落ち込みに仕掛けを投入する。ここまでていねいにアプローチができて、番兵と中間の魚を釣りあげていれば、最後はこの淵に君臨する大型魚に王手をかけられるはずだ。そして、普段からこのようなアプローチが自然に出来るようにていねいに釣ることが大切である。そのためにも横流しの釣りではなく、縦流しの釣りを覚えよう。

縦流しの釣りとは、下流から上流に仕掛けを打ち込んで手前に流してくる釣り方だ。仕掛けに合わせてサオを持ち上げることで一定の流し方ができるようになる。マスターすれば、より魚の位置関係が分かるようになり、魚も見えてくるだろう。

アワセと取り込み

目印に変化が出るなどして魚がエサをくわえたのが分かったら、ひと呼吸待ち、手首のスナップを利かせてしっかり合わせる。初心者はアワセができない場合が多い。アタリを感じた瞬間にサオを立てるだけで終わり、ハリ掛かりが弱くバラしてしまう。源流のスレていないイワナはエサを飲み込むことが多く、ハリごと飲まれやすい。それが嫌で強く合わせない人もいるが、しっかり合わせたほうがバレにくい。また、ハリ外しがあると便利だ。慣れた人は

●アプローチの例

滝壺を釣る。基本に忠実に、姿勢を低くして遠くからサオをだしているよい例

ポイントアプローチの基本は、できるだけ遠くの仕掛けがギリギリ届く下流側から釣り始める

河原があると流れの横に回り込みたくなるが、魚を驚かせてしまうことが多い。したがって上流に向かうように釣るのが基本

大淵を攻略する。姿勢を低くして近づき、手前の流れ出しにいる番兵イワナを片付けてから、本命の奥の白泡の切れ目をねらう

河原からのアプローチでも、長ザオの場合は静かに離れた位置から釣れば魚に気付かれにくい

ハリを飲まれても手で簡単に外せるが、イワナの歯は結構ギザギザして数尾外すと指が傷つくので、やはりハリ外しは必須だ。

　取り込みは、岩の下や石の間に潜られないように一気に寄せることが大切だ。そのためにも強いサオと太いイトが必要なのである。大ものが掛かっても、相手に主導権を与えないようにサオでいなしながら水面まで上げる。強い流れに入られたら、できるだけサオを上流側に倒して自分から動き、サオがのされないように移動する。この時、どこで止めて、どこで取り込むかを考えながら状況を見て移動すること。寄せてきたらタモ網で取り込むのがベストだが、持っていない時は岸まで一気に上げてしまおう。サオの弾力を利用して引き上げるのである。その際、イトを持たないように。0・8号や1号のラインでは切れてしまう可能性があるからだ。

　ヤブ沢でのチョウチン仕掛けや短い仕掛けの取り込みは、アワセは同じでよい。その後はサオを縮めながら寄せる。サオを立てるとヤブに引っ掛かるので、横に倒して縮める。ヤブから出したらサオを立てて扱いやすい長さにして取り込む。ただし、サオを縮めすぎると折れる可能性があるので、できるだけ長めでやり取りすること。

釣りのスピードアップ化

　源流のエサ釣りは粘らないことも大事だ。1つのポイントに時間を掛けすぎると移動距離が短くなってしまうからだ。初心者にありがちなのは、釣れたポイントでも釣れないポイントでも粘ってしまうこと。源流ではていねいに探れば食い気のある魚は釣れる。粘って時間を無駄にせず、的確にポイントを釣っていくことだ。スピーディーかつ確実なアプローチでポイントを無駄なく釣ることで、納得のいく釣りが出来るようになる。「釣れた」のではなく、「釣っていく」動きのある釣りを心がけよう。そのために進む方向をしっかりと見て、ポイント攻略の順番を組み立てていく。

　ただし、魚が確実にいると思うポイント、大淵や滝壺などではある程度粘りたい。また、大淵や滝壺ではすぐに奥を釣りたくなるが、やはり順番がある。最初は流れ出しのカケアガリを底に沿ってゆっくり流す。重めのオモリで、ほとんど止まっているくらいの状態でもよい。そこが一番エサを捕食しやすいポイントだからだ。それから奥へ移動していく。なるべく底にオモリが着くくらいのタナをキープすること。1尾目が釣れたら、もう1尾いると信じても

●やり取りから取り込みまで

取り込みでタモがない場合、魚を水から完全に上げないように寄せてくる

滝壺のような深場や流れの強い場所の近くで魚を掛けたら、サオの弾力を利用して魚をいなしながら浅場まで誘導する

大イワナはタモですくったほうがバラシにくく、より確実に取り込める

やり取りの途中で水面に口を出させると魚は早く弱る

う一度釣ってみる。このようにポイントに応じて粘ったり、スピードアップしたり、メリハリのある釣りができるようにしよう。源流のイワナ釣りは、簡単なのだが奥が深い。

時間を無駄にしないためには、仕掛けをあらかじめ作っておくことも手だ。小さな仕掛け巻きに3〜5個巻いておくとよい。特に初心者は仕掛け作りに時間がかかる。根掛かりでミチイトが切れた場合、ハリだけならそれほど時間は掛からないが、目印まで付けるとなると仕掛けごと交換したほうが早い。

アワセ

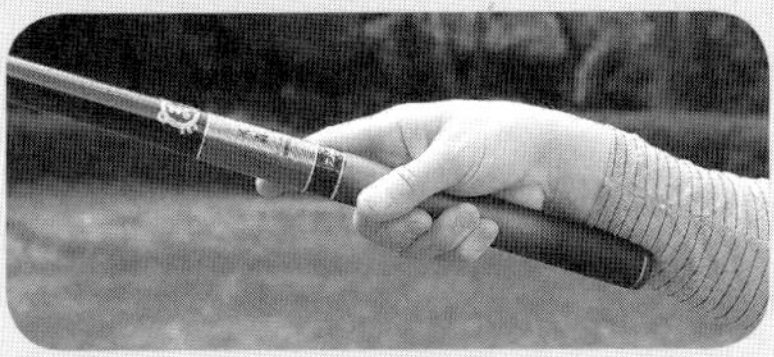

片手持ちでアタリがきたら……

グリップエンドが離れないように肘を支点にサオを持ち上げるように合わせる

憧れの大イワナに挑む

大ものにねらいを絞るなら秋

源流釣りを目差す人にとって、大イワナを釣りあげることは大きな夢だ。テンカラ釣りでも釣れないことはないが、どうしても大イワナ釣りはエサ釣りに分があるようだ。

イワナは、陸封型のイワナと降海型のアメマス（陸封型のアメマスもいる）、そしてオショロコマに大別される。北海道にしか生息しないオショロコマは、大きくなっても30㎝前後だが、アメマスやイワナは60㎝以上にまで成長する。特に海に降海するアメマスは70㎝を超えるものもいる。

源流釣りの対象となる大イワナは、陸封型のイワナである。しかし、大型のほとんどは下流部の湖で育ったものと思われる。只見の銀山湖は大イワナが数多く育つことで有名だ。今や種沢として永久禁漁となっている北ノ岐川では、秋になると大イワナの集団が産卵のために川を遡っていく姿を見ることができるという。今でも解禁されている只見川本流や支流では、年間何尾も50㎝クラスのイワナが釣れていると聞く。

しかし、湖で大きく育って産卵のために川に遡ったイワナとは別に、その場所で大きく育つイワナもいるはずである。居着きの大イワナといわれるものである。遡上型のイワナと大きく異なる点は、遡上型の魚体は胴回りが平たく尾ビレが大きいのに対して、居着きは胴回りが丸く、腹の色が濃い個体が多いといわれる。同じ滝壺で、遡上型と居着き型の両方が釣れる所もあったりするので、区別は難しく一概にはいえないが、実際に現地で見たり撮影したりしていると、やはり遡上型と居着き型の違いはあると思う。

大イワナといってもなかなか50㎝オーバーに出会うことはなく、姿を見ても釣れなかったりすることが多い。大イワナを釣るタイミングは、いったいいつなのだろうか。イワナの産卵期は、本州では山が紅葉する10月から11月頃で、水温が10℃を下回ると産卵が始まるといわれている。産卵は本流よりも小さな支流で行なわれる。そして産卵期はちょうど禁漁期と重なっている。

大イワナをねらって釣ろうとすれば、確率が高いのは禁漁期の直前になるだろうか。本州の秋田県を除く多くの河川は、イワナ釣りの禁漁期の始まりは10月1日となっている（秋田県の禁漁期は9月21日から）。禁漁期の最後の週、9月30日を目差して大イワナフリークたちは釣行計画を立てる。ところが

いつかは夢の大イワナに
この手で触れてみたい

年によってはまだ遡上していないこともあるのだ。しかし、そんな時でもシーズン最後のイワナ釣りが出来た満足感を得られる。

イワナの遡上のタイミングは、雨の降りや水温の落ち方に影響していると考えられる。9月の台風が通過して増水した直後などは、実際にかなりの数のイワナが遡上していることがある。ところが台風級の大水となると、釣りよりも我が身のほうが大切だ。台風が来たから大イワナが釣れるというわけではない。自制して事故のない安全な渓流釣りを心がけてもらいたい。

秋の産卵遡上のイワナは産卵後、ふたたび湖に戻るのだろうか？　春の雪代が落ち着いたシーズン最初の入渓でも、大イワナが滝壺で釣れることも多い。それは産卵のために遡上した後、戻らずに滝壺で過ごしている魚なのだろうか。それとも居着きでもともといた魚なのだろうか。この時期に釣れる大イワナは、遡上型とも居着き型とも判別しがたいというのが実際のところである。

いつかは深山幽谷の大イワナを手にしたい。そのために源流釣りファンは岩をへツリ、山に登るのだ。願いを実現させた時、釣り人には格別な思い出が残るだろう。

テンカラ釣り編

必要な道具、仕掛け、結び

源流テンカラのススメ

川虫などの水生昆虫を食べる渓魚を効率よく釣るために編み出されたのが毛バリ釣りだ。日本ではイワナやヤマメ（アマゴ）を釣って売る職漁師を中心に行なわれてきた。情報が未発達な時代、それは土地ごとに個性あるものだったに違いない。川に合った毛バリを開発し、密かに守り継がれてきたそれらが世に広まったのは、釣り人が楽しみで山奥に入るようになったことが関係していると思う。

現在では毛バリ釣りはテンカラという言葉で釣り人の間に浸透している。テンカラの語源には諸説あるが、テンカラといえば毛バリ釣りのことである。

ハリに何かしらのマテリアル（素材）を巻きつけると、それだけで毛バリという概念がある。私がかつて目にした職漁師の毛バリは、キジのケン羽根を巻き、ゼンマイの綿毛で胴を作った伝統的なもので、山で採れる素材を上手に使っていた。今はフライフィッシング用品で手軽に多種多様な毛バリを作ることが可能だ。サオも各メーカーから個性的なものが市販され、それらの中から自分に合ったスタイルを作りあげることが楽しみの1つになっていく。

同じ毛バリ釣りでも、フライフィッシングとテンカラ釣りでは考え方が大きく違う。この違いを覚えておくことがテンカラ釣りを理解するうえで重要になる。フライフィッシングは、基本的にマッチ・ザ・ハッチ、ナチュラルドリフトという考え方で一貫している。マッチ・ザ・ハッチとは魚が今何を食べているかを観察し、そのエサに合わせたイメージの毛バリを使うこと。ナチュラルドリフトは川の流れに合わせて毛バリを自然に流すことだ。要するに上流から流れてくる昆虫類を食べる魚に対して、毛バリを自然な状態で流して釣ることがフライフィッシングの基本的な考え方である。

一方、テンカラ釣りは、もともと職漁師が効率よく魚を釣るために考えられた釣りだ。時にはラインや毛バリで水面を叩いて誘ったり、水中深く流してみたり、上流に引き上げたり、積極的に操作して魚にアピールする。ということは、フライフィッシングのように毛バリのイメージが昆虫にあまり似ていなくてもかまわないのである。テンカラ釣りの名手には1種類の毛バリしか使わないという人もいる。シンプルな数種類の毛バリを使い、自分の技で魚を釣ることがテンカラ釣りの概念といえるだろう。

十人十色といわれるテンカラ釣りだけに、それぞれ個性的で面白いのも魅力である。テンカラ釣りを

テンカラ釣りの道具例

左＝レベルライン、右＝複数のイトを縫って作ったテーパーライン

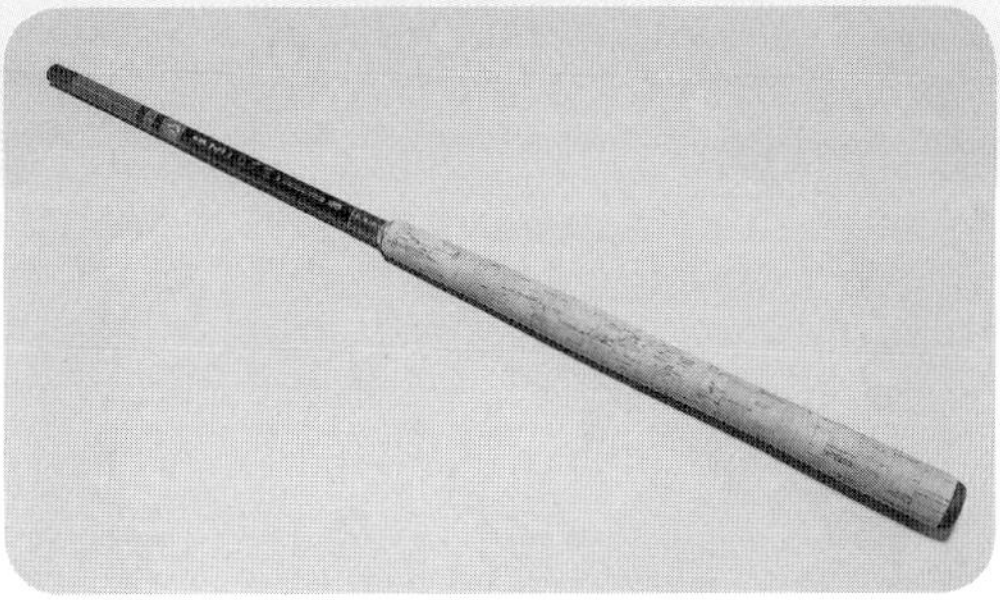

テンカラザオ

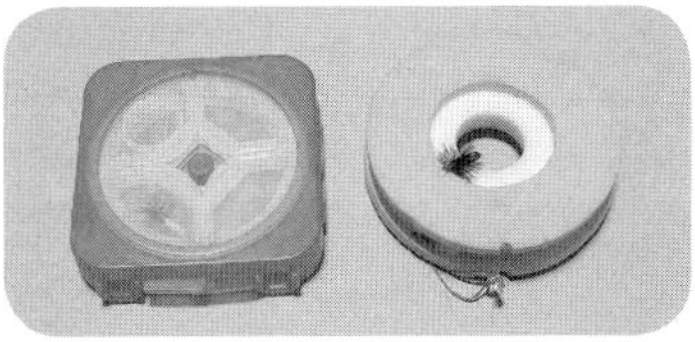

仕掛けは仕掛け巻きに収納する。左＝レベルライン、右＝テーパーライン用

リーダーハリスは大径の徳用スプールを購入し、仕掛け巻きに使うぶんだけ巻いて持っていく

毛バリは好みのものを用意する

長年していると、フライフィッシングで人気のあるドライフライを使ってみたくなることもある。魚が毛バリを追って水面を割って跳び出る瞬間がたまらないのだ。それを使うのはもちろん個人の自由だが、これからテンカラ釣りを始めるのなら、フライフィッシングを真似するよりも、幾多の名手が編み出した伝統のテクニックを追求するほうが、テンカラ釣りの楽しみをより得られると思う。

テンカラ用のサオとライン

　テンカラザオは、以前は2・7〜3mと短いものが主流だった。今は本流テンカラが引き金となって4〜4・5mと長めが多い。テンカラ専用のサオがなかった頃は、ヘラブナ用の極軟調子のサオを使っていたという話を聞いたこともある。胴に乗るサオのほうがラインを飛ばしやすいということだろう。もっといえば、テンカラ用の重いラインを飛ばすためにサオを振り抜いた時、昔の硬い渓流ザオでは折れてしまうからだ。

　テンカラ釣り専用のサオは、もともとは竹の和ザオが主流で7：3か6：4調子（手元から見てサオの曲がりの中心がどこにくるかを数字で示したもの。7：3は先端側が曲がる先調子）がラインの飛びがよいとされた。それを基本にグラスやカーボン素材の専用ザオも開発されてきた。現在は軽量で強い振りやアワセでも折れず、ラインがよく飛ぶサオが市販されている。ただし使うラインによってサオの調子が異なるので、自分の使いたいラインに合わせてサオを選ぶ必要がある。

テンカラザオとラインの相性

ラインは現在、テーパーラインとレベルラインの2種類に落ち着いている。テーパーラインとは、何本かのラインを段差状に撚《よ》ってテーパーを付けたもの。レベルラインは太めのフロロカーボンラインをそのまま使う。ラインについては後述するが、この2種類に合わせて各メーカーがサオをリリースしているので、サオを選ぶ際にはまずラインについて理解する必要がある。

メーカーによってはテーパーラインを「T」、レベルラインを「L」で表示している。たとえばダイワのサオの場合、「LL」はレベルライン専用、「LT」はレベルラインとテーパーラインの共用ザオ。後者は8：2や7：3の先調子のものが比較的多く、レベルライン専用タイプは6：4や5：5調子が多い。

テンカラ釣りでは、釣っている間はサオを振り続けるので、なるべく軽いサオを選ぶことが大切だ。これはサオの重量だけでなく、グリップ部分を握った時の持ち重り感も関係する。実際にサオを伸ばしてチェックするとよい。最初は平均的な3・6m前後のサオを使いこなすことをおすすめする。3・6mでも、慣れてくれば7mくらいのロングラインを飛ばせるようになるはずだ。ただし3・6m前後のサオで普通に釣りをするのに使いやすいラインの長さは4～5m。6m以上のラインを飛ばすには、やはり4m以上のサオが快適である。釣り場の規模を考慮してサオの長さを選びたい。

職漁師によって受け継がれてきたテンカラ釣りは、今では女性が手軽に楽しめるほどシステムの確立されたものになった

なお、レベルライン専用ザオで重いテーパーラインを使うと折れることがあるので注意が必要。

　グリップ部分はコルク製が多いが、コルクの触感が嫌いな人はゴムテープを自分で巻くとよいだろう。手も滑りにくくなるので便利である。

テンカラライン

　昔のラインは馬の尻尾の毛を何本か撚ってつないだものだった。文字どおり「馬素《ばす》」といい、馬を飼っていた木曽地方では職漁師がよく使っていたという。構造自体は今でいうテーパーラインと同じだ。

初心者向けのテンカラ釣り仕掛けと各部の結び

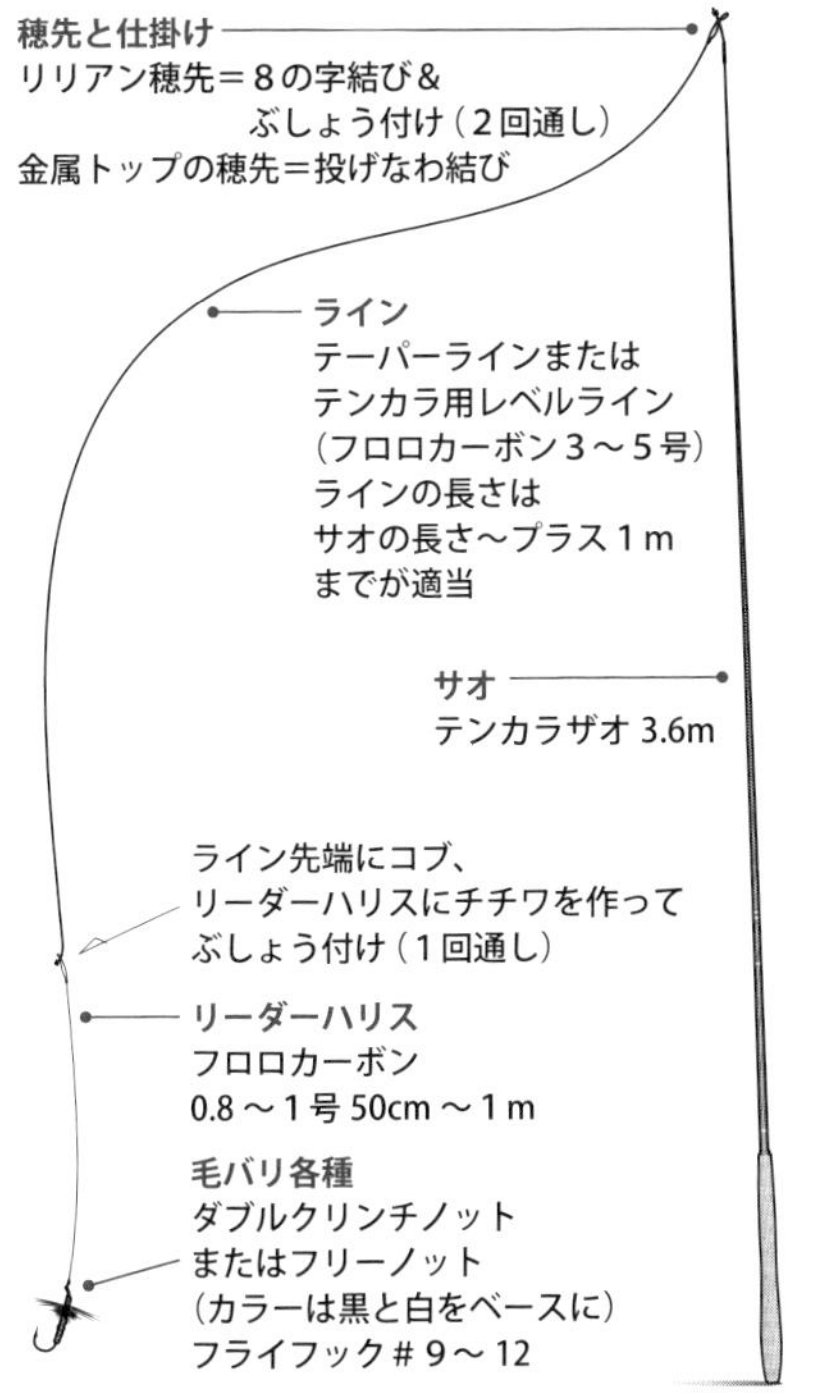
穂先と仕掛け
リリアン穂先＝８の字結び＆ぶしょう付け（２回通し）
金属トップの穂先＝投げなわ結び
ライン
テーパーラインまたはテンカラ用レベルライン（フロロカーボン３～５号）
ラインの長さはサオの長さ～プラス１ｍまでが適当
サオ
テンカラザオ 3.6m
ライン先端にコブ、リーダーハリスにチチワを作ってぶしょう付け（１回通し）
リーダーハリス
フロロカーボン 0.8～１号 50cm～１ｍ
毛バリ各種
ダブルクリンチノットまたはフリーノット
（カラーは黒と白をベースに）
フライフック＃９～12

馬素は高価だったので、木綿のたこ糸を柿渋で漬けてなめしたラインを使う人もいた。今のラインに一番近くなったのはナイロンラインを何本も撚りあわせたもので、たとえば5、4、3本の束を撚って竹の子状に繋いでテーパーにしたものである。中にはナイロン3号を15本3つ編みにして、本数を減らしていった3つ編みラインを竹の子状に繋いだ超ヘビーラインを作る人もいた。

　テンカラ釣りの名手、瀬畑雄三さんのテーパーラインは画期的だった。2号のナイロンラインを3～4本束ねて、それを2つに分けて段差に繋ぎ、それぞれを撚って1本のラインに仕上げている。特徴はとてもしなやかでライントラブルが少なく、先端だけがテーパー形状なのでよく飛び、ラインコントロールがしやすい。またナイロンラインは水になじみやすいので、流れにラインを乗せやすい。

　前述したようにテンカラで使用するラインは、現在テーパーラインとレベルラインの2種類。テーパーラインは元が太く、先端側ほど細くなるのが特徴。最近はフライのリーダーのように、段差のないフロロカーボンのモノフィラメント（単線）テーパーラインや、フロロカーボンを撚ったライン等も市販されている。これらの製品は軽量でレベルラインに近い使い勝手だが、長さが決まっているため、サオの長さとのバランスを考えて購入する必要がある。市販の撚ってあるテーパーラインの中には、仕掛けが根掛かりしたり、枝に引っ掛けた際、強く引っ張るとよじれがきつくなり、元に戻らなくなるものもあるので注意したい。

レベルラインは元から先端まで太さが変わらない。ライン自体に張りがあり、比重の大きなフロロカーボンの3～5号を任意の長さに切って使用する。ラインを撚る必要もないので、すぐに作ることができて簡単だ。しかし、テーパーラインと比較すると軽いので長いほど飛ばしにくくなる。特に風が強い時はコントロールが難しくなるという欠点もある。また、以前は色付きの製品がなかったため見づらく、先端に別の色付きのラインを少し付け足して見やすくする工夫が必要だった。今は染色された専用品があるのでそれを使うとよいだろう。

ほかには、フライラインの下巻き用バッキングラインや、ランニングラインを使う人もいる。バッキングラインは絡むと解けにくいのと、ライン自体に張りがないので飛ばすのに少しコツが必要で、最近は使う人を見かけなくなった。また、2番程度のダブルテーパーのフローティングフライラインを切って使っている人もいたが、最近はランニングラインを必要な長さに切って使う人が増えた。色付きで、しなやかなうえに絡みがなく、ライン自体に重量があるため飛ばしやすいようだ。ただし、ラインはやはり重めなので、サオに掛かる負担をよく検討したうえで使いたい。重量を減らすためにランニングライン自体は短めにして、両端にフロロカーボンのラインを付け足し、全体のラインの重さを軽減させるという方法もある。

ラインは長いほど魚との距離を取ることができ、警戒心を与えずに毛バリをポイントに入れることができる。その反面、長いとコントロールが難しくなる。一般的に釣りやすいラインの長さは、サオの長さプラス2mまでといわれている。初心者はサオと同じ長さ～プラス1mまでで始めるとよいだろう。

リーダーハリス

ラインの先端にはリーダーハリスを介して毛バリを結ぶ。リーダーハリスの素材は、張りがあって毛バリを早く沈められる比重の大きなフロロカーボンがおすすめだ。私の場合、「リーダーハリスの太さは釣果にあまり影響していないのでは?」という考えから1・5～2号を使っている。太いリーダーハ

フリーノット（毛バリとイト）

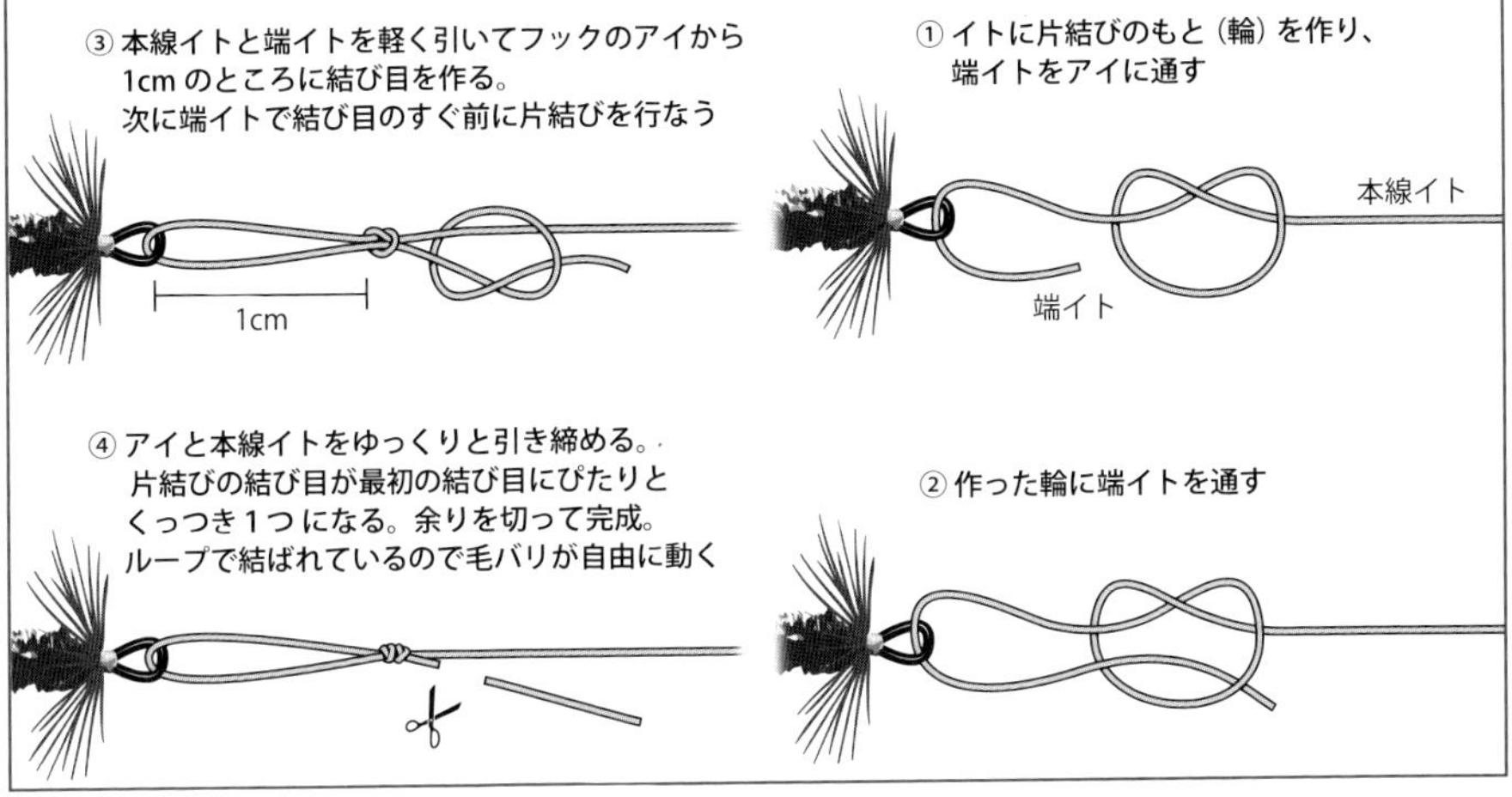
①イトに片結びのもと（輪）を作り、端イトをアイに通す
本線イト
端イト
②作った輪に端イトを通す
③本線イトと端イトを軽く引いてフックのアイから1cmのところに結び目を作る。次に端イトで結び目のすぐ前に片結びを行なう
1cm
④アイと本線イトをゆっくりと引き締める。片結びの結び目が最初の結び目にぴたりとくっつき1つになる。余りを切って完成。ループで結ばれているので毛バリが自由に動く

リスはアワセ切れも減り、ちょっとした枝掛かりでも切れずに扱いやすい。尺イワナやヤマメもタモ網を使わずに取り込める。細いリーダーハリスを使う人は、取り込みにタモ網を使うのが無難である。

　長さは1・2〜1・5m。ちょうど指でハリスを持って両手を広げた1ヒロの長さがだいたい1・5mだ。これを覚えておけば、現場でリーダーハリスを交換する時に瞬時に長さを決められるので便利だ。ただし初心者や、風が強い時、レベルラインを使う時などでラインの飛びが悪い場合は、リーダーハリスを短めにすると扱いやすい。具体的には50㎝〜1mの範囲で必要に応じて調整してみよう。

　ラインとリーダーハリスを結ぶには、ぶしょう付けを利用すると便利だ。ユニノットなどで結んでもよい（ただし外す時は切る必要がある）。フロロカーボンのレベルラインを使う人の中には、ぶしょう付けの後で小径のウレタンパイプを被せて、結び目が滑らかになるように工夫している人もいる。

　リーダーハリスと毛バリの結節は、ダブルクリンチノットなどのほかに、毛バリが水中でよく動くようにフリーノットで結ぶ方法もある。毛バリが動きやすいように、輪の大きさは1㎝程度がベスト。

テンカラザオの振り込み

テンカラ釣りの振り込みは、サオをただ振っているだけではラインは飛ばないが、サオとラインのバランスが取れていて、特別に難しいことはない。サオとラインのバランスが取れていて、事前に少し練習すれば、とりあえず実際の釣りも楽しめるはずだ。初めてテンカラザオを振った人は、テーパーラインの場合はその重みに違和感があることも少なくない。サオの振り幅や速度、ラインをターンさせるタイミング等、いろいろな疑問も生じるだろう。レベルラインの場合は、その軽さに困惑するかもしれない。いずれにしても我流であれこれ悩むよりも、最初に基本をしっかり覚えれば上達は早い。フィールドに出る前に近所の広場などで練習しておこう。基本のフォームができて、自在にラインを飛ばせるようになることがテンカラ釣りへの早道だ。

基本のオーバーヘッドキャスト

最初は基本のオーバーヘッドキャストを覚えよう。サオの構えとスタンスは、ラインを飛ばす方向に対して正面を向いた自然体で、利き足が少し前に出ていると姿勢がピタリと決まる。肘を少し曲げた状態で脇を締め、サオをしっかりと持つ。親指を伸ばして、グリップに上から押し付けるように添えるのが基本。これで手首が動きにくくなる。サオを振る時に手首を動かすと、サオの振り角度が大きくなりすぎてラインは飛ばなくなる。人差し指をグリップ部に押し付けるように握る人もいるが、親指のほうがより力を入れずにラインを飛ばしやすい。

この姿勢から振り込みを始める。サオを振る時は肘を支点に、腕からサオ先までが1本のサオとイメージするとよい。振り始めのサオの角度は、時計の短針で2時から2時半くらい。その位置から手首を動かさないように、肘を支点に12時まで一気に引き上げる。この時、サオを下から上に持ち上げるような感覚で行なうのがコツで、多少ヒジが引き上げ方向に向かって移動する感覚があってもよい。あくまでも手首の角度を変えずまっすぐ引き上げることが大切。この動作がうまくいけば、ラインは頭上から後方にかけてスムーズに飛んでくれるだろう。

サオを12時まで引き上げたら、ラインが後方に伸びるまで一瞬待つ。これを「タメ」あるいは「ポーズ」という。そしてラインが伸びきる寸前に、今度ははじめの2時から2時半の位置まで一気にサオを押し下げる。スムーズにラインが前方に飛んでくれれば成功だ。つまり、サオの振り角は45度くらいの振りで充分なのだ。コンパクトに振ることで、サオの遠心力ではなく弾力と反発力を利用してラインを

基本のオーバーヘッドキャスト

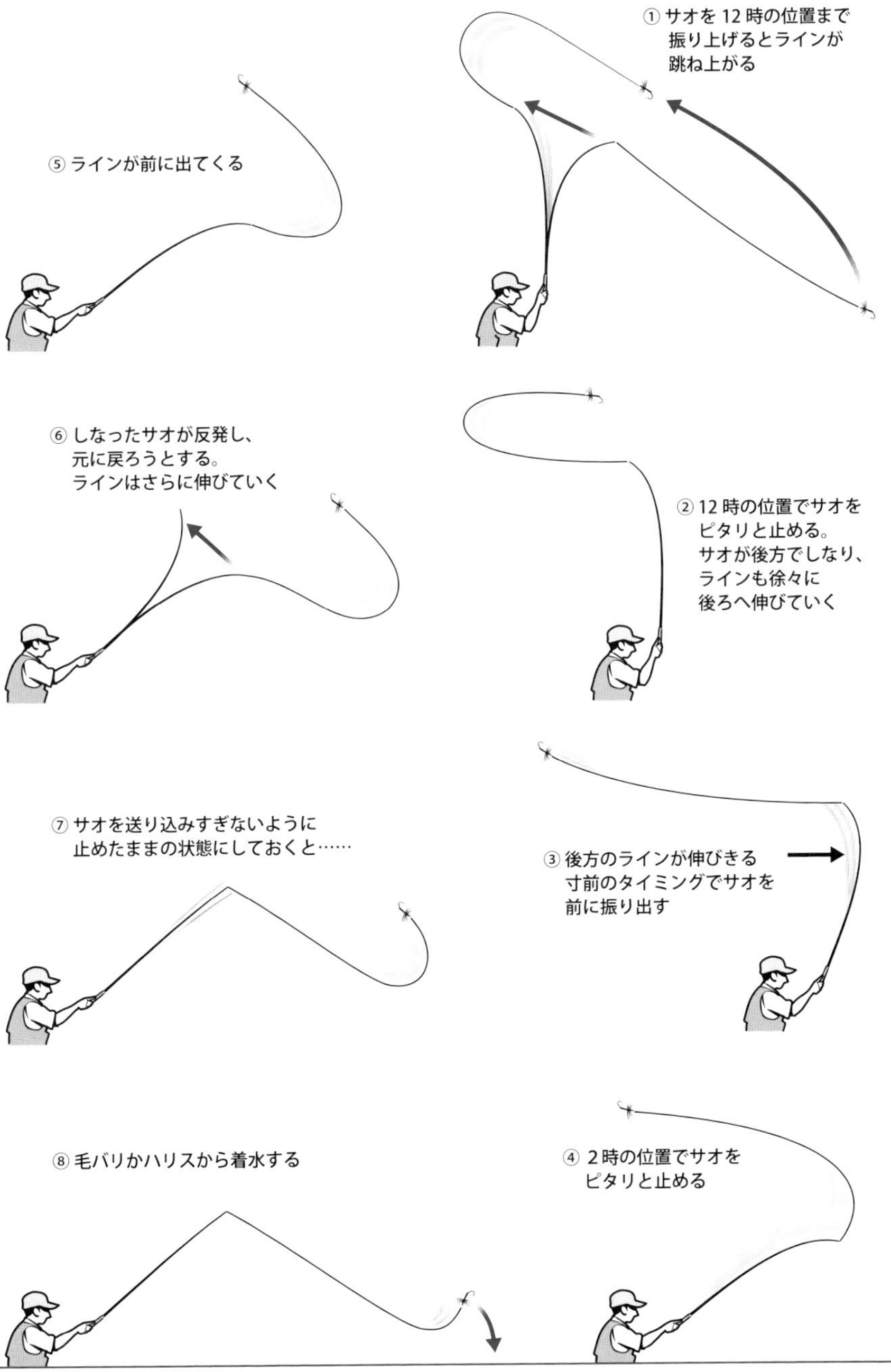
① サオを 12 時の位置まで
振り上げるとラインが
跳ね上がる
② 12 時の位置でサオを
ピタリと止める。
サオが後方でしなり、
ラインも徐々に
後ろへ伸びていく
③ 後方のラインが伸びきる
寸前のタイミングでサオを
前に振り出す
④ 2 時の位置でサオを
ピタリと止める
⑤ ラインが前に出てくる
⑥ しなったサオが反発し、
元に戻ろうとする。
ラインはさらに伸びていく
⑦ サオを送り込みすぎないように
止めたままの状態にしておくと……
⑧ 毛バリかハリスから着水する

飛ばすのがコツなのである。

　練習中は振り上げた時のサオの角度を必ず確認すること。12時でサオを止めたと思っていても、実際にはかなり後方に倒れていることが多い。テンカララインは、サオの振り幅が大きくなればなるほど飛ばないということを覚えておきたい。


テンカラザオの持ち方。グリップを親指で押しつけるようにしっかり握り、グリップエンドを手首の後ろにつけると安定する。グリップエンドいっぱいに握ってもOK

振り込み動作のキモ

悪い例

手首が安定せず、肘も上がってしまいサオが大振りになっている失敗例。サオが後ろに倒れすぎてしまうとラインは上手く飛ばない

良い例

手首を動かさないように肘を支点にしてサオを一気に引き上げ、12時でストップさせる。この時、サオが手首から離れていないことに注目

　振り込みの最終動作は、フライフィッシングのそれになぞらえてシュートともいう。この時にラインで水面を叩かないことが大切だ。先端に結んだリーダーハリスの長さは1～1・5mとかなり短く、ラインが水面を叩くと魚が散ってしまう。源流の滝壺などでは、わざと水面を叩いて誘いをかけることもあるが、基本的にはシュート時には毛バリが先に水面に落ち、後からラインがフワリと着水するのが理想だ。これを実現するには、シュートの瞬間にサオ先を少し上げるようにするとよい。魚が見えていると、焦ってラインで水面を叩き、魚を追い払ってしまうことが多々ある。

キャストのバリエーション

　源流では背後に樹木やヤブが生い茂っていたり、岩があることも多い。そんな時に活躍するのがロールキャストだ。これはラインを自分の前方だけで操って投げる方法で、ラインが転がるように飛んでいくことからロールキャストと呼ばれる。

　方法は簡単である。まず、ラインを前に垂らした状態でサオを前方からゆっくりと起こしていく。12時の位置までサオを立てて、サオ先から垂れるラインが耳の後ろまできた瞬間に、サオを一気に2時か

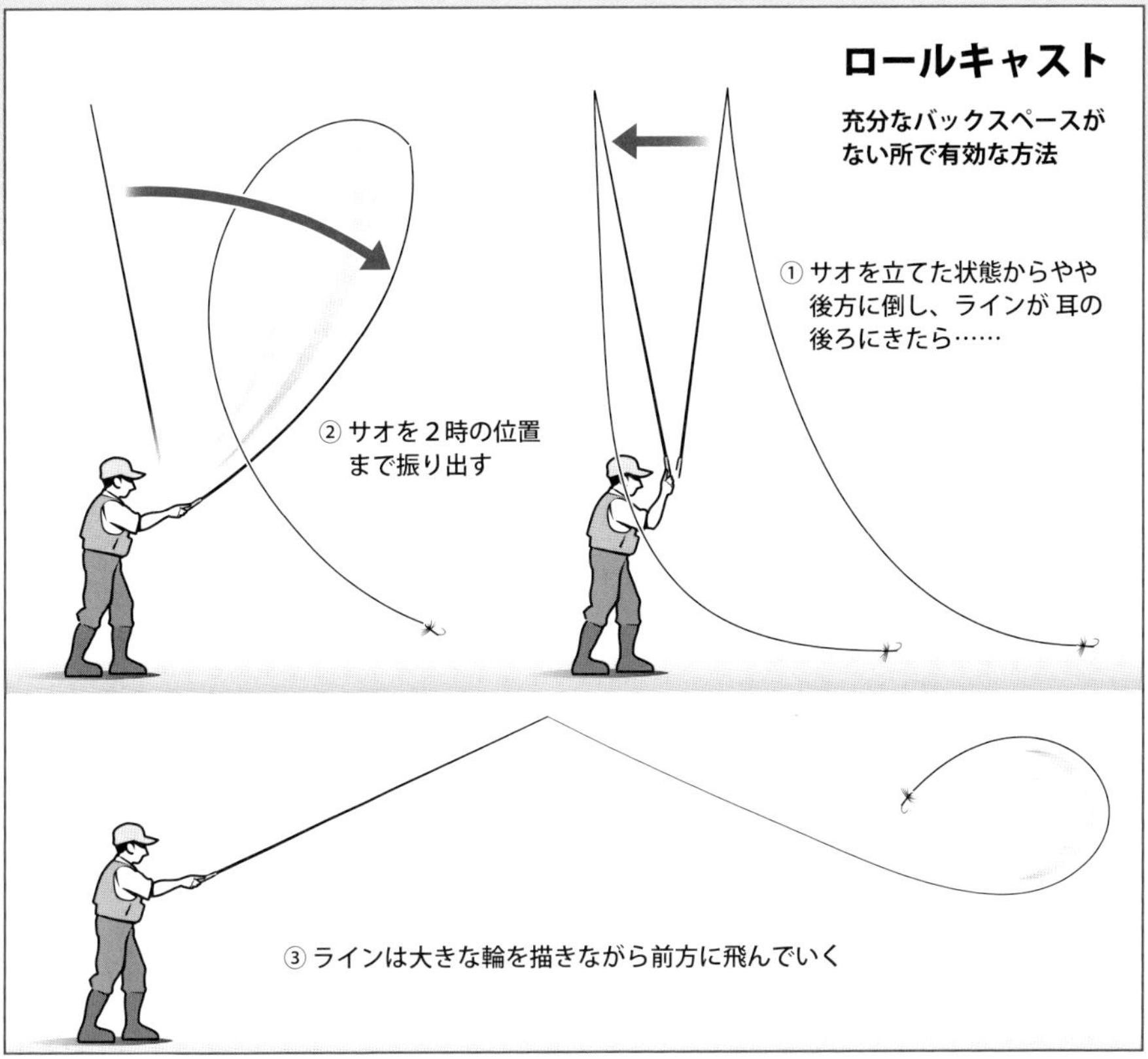
ロールキャスト
充分なバックスペースがない所で有効な方法
① サオを立てた状態からやや後方に倒し、ラインが 耳の後ろにきたら……
② サオを２時の位置まで振り出す
③ ラインは大きな輪を描きながら前方に飛んでいく

ら2時半方向に向かって前に押し出す。この動作でラインがサオの横でくるりと1周して前に飛び出す。キャストを繰り返したい時も、ゆっくりとラインを引いてきて、同様にキャストする。サオを振り下ろすタイミングはよく練習しておきたい。ラインが短いとサオを立てた時に水面から離れてしまうので、やや長めのラインがやりやすい。

水面上に木が被さっている場所や、風が強くてオーバーヘッドキャストでは抵抗が掛かりすぎてラインが飛ばない時はサイドキャストが有効だ。サイドキャストは基本的にオーバーヘッドキャストを水平にして行なうだけなので、同じようにサオを振ればできるはずである。コツは同様に振り幅をコンパクトにすることと、適宜タメを入れること。また、右利きの人の場合、左岸に立った時に腕を身体の左側で振る左サイドキャストもマスターしておくと、ポイントの攻略の幅は一段と広がる。中にはサオを持ち替えて両側のサイドキャストをこなす器用な人もいる。これらのキャストは練習を重ねることで精度が上がる。水面と木の間が30㎝くらいしかないポイントでも、その間に毛バリを打ち込めるようになるのだ。難しいポイントに正確に毛バリを打ち込めれば、当然それだけ釣果も上がることになる。

テンカラ釣りのポイント、アプローチ

テンカラ釣りは足で稼ぐ釣りといっても過言ではない。実際、歩いた距離だけ釣果が伴うことは確かだ。しかし、やみくもに歩いて毛バリを適当に流しても賢い渓流魚は釣れない。川筋を読み、どの流れに魚がいるのかを知っていれば、毛バリを打ち込む場所もおのずと決まってくるはずだ。

川を読む時の注意点は、それぞれのポイントを独立した存在だと思わないこと。水の流れ、石の位置などすべての要素が関係して複雑な状況を生みだしているからだ。川がまっすぐに流れていないことは誰でも分かるだろう。

単純に見れば、川のカーブにはたいてい淵があり、その淵と淵を瀬がつないでいる。地形的にいえば、急激に地形が変化している場所には滝や早瀬があり、そこには淵への落ち込みがある。淵にはゆっくりと流れる深瀬、深トロがあり、淵尻を通って瀬が始まる。平坦な地形は瀬が続き、水深の浅い瀬はチャラ瀬と呼ばれる。

水温が高く魚の活性が高い時は、瀬などの浅場に魚が出てくる。水温が低い時は、淵に多くの魚が入っている場合が多い。条件のよい瀬の下の淵であれば、エサは淵に豊富に流れ込むので、それだけ魚も付きやすいのだ。

●瀬

石のしっかり入った明るい瀬はテンカラ釣りにおける絶好のポイント。小さな瀬は、その中でも深みのある流れの芯をねらう。瀬の中に魚が隠れやすい大石があれば、その周りをていねいに流す。

●チャラ瀬

初夏から夏にかけて、魚は活性が高くなるとチャラ瀬に積極的に出てエサを食う。水深の浅いスポットはエサ釣りでは攻略しにくいため、テンカラ釣りの独断場になることも多い。どこでも魚が出てくる可能性はあるが、特に水深に変化のあるポイントや石周りを重点的に流す。

●落ち込み、滝壺

淵への落ち込みは白泡が立つポイントが多い。エサ釣りの項でも前記したように、通常魚は白泡の中ではなく、白泡の消える辺りの底にいてエサを待っている。白泡ポイントは、白泡の両側に毛バリを流すか、白泡く の中に毛バリを打ち込んで誘った後、白泡が消える辺りまでナチュラルドリフトするのが定石だ。

滝壺では流れ出しに魚が付いていることが多いので、手前から丁寧に釣っていく。反応がない場合は、ラインで水面を叩いて誘うのも有効である。

落ち込みから白泡、その白泡が消える辺りの水中に大石があり絶好のポイントを形成している。大石の両サイドや後ろのヒラキにも魚が付きやすい

ナメ床や岩盤の流れは所々にある切れ目（深み）がポイントになる

チャラ瀬のような水深の浅い流れは、ちょっとした深みや石周りがポイント。夏場はこんな流れがテンカラの独壇場になることがある

●瀬頭、瀬尻、瀬肩

これらの場所は、特に朝・夕マヅメに魚が付きやすい典型的なポイント。魚は流れが速くなって落ち込む直前でエサを待っているので、毛バリはしっかり落ちるまで流すのが基本だ。番兵イワナがいることも多いので、最初にしっかりと釣ること。

●ブッシュや樹木などの陰

川岸に生い茂ったブッシュや樹木の陰は、瀬の中の大石と同じように魚が身を隠すのに好都合の場所だ。ただし、ブッシュの中に毛バリを入れる必要はない。その脇を流せば魚が出てくる。無理にキャストしてブッシュに毛バリを引っ掛けないように。

●深瀬、トロ、淵

深場やトロの魚はテンカラでは非常に釣りにくい。特に流れがほとんどないようなトロでは、手前から釣っても番兵イワナを追ってしまうし、毛バリも見切られやすい。多少なりとも流れがある深瀬やトロ、淵では、流れの筋に毛バリをしっかり沈めて流せば、食い気のある大型魚が反応することがある。

アプローチから取り込みまで

テンカラ釣りのアプローチは?

アプローチは基本的にはエサ釣りと同じで、番兵イワナの攻略次第でポイントが活きてくる。番兵を追ってしまった後では何度毛バリを打ったところでもう魚は出ない。ポイントの下流側から静かに接近したら、ラインが届くギリギリの場所から釣りを始める。何度か毛バリを打ち込み、魚が出なかったら少しずつ前進する。姿勢はできるだけ低く保ち、魚に自分の姿を見せないようにする。源流では上流に向かって釣ることが多いが、人馴れしていない源流の魚ほど番兵システムは強く機能しているからだ。

よさそうな落ち込みに目がいき、横に回り込んだ途端に番兵イワナに走られてポイントを潰してしまうケースは多い。この場合は川の真ん中からポイントに接近するとよい。川岸のブッシュに毛バリを引っ掛ける心配も少なく一石二鳥だ。まず流れ出しを丹念に釣り、番兵の魚を釣り切ってしまう。それからそのままメインポイントに進むのだ。このアプローチをするだけで釣果は相当変わるはずである。

「ここにいる」と思ったら何度でもキャストを繰り返すことも大事だ。1、2回では魚が反応しないことも多い。10回目で掛かった、なんてこともある。

誘いとナチュラルドリフト

職漁師の時代は毛バリにアクションをかけて釣る方法が主流だったと思われる。現在のテクニックは、アクションとナチュラルドリフトを織り交ぜて釣るのが一般的だ。状況に応じて時には誘い、時には自然に流す操作をすることで、テンカラ釣りはより面白くなり、釣果も伸びる。基本的には、流れが比較的緩やかなポイントでは誘い、速い瀬ではナチュラルドリフトで毛バリを流す。

誘う方法は、上流の流れに毛バリを打ち込んだら、流れてくるラインのタルミを取るのを利用して、サオ先を引くように動かしながら毛バリをフワフワと動かして誘う。数回動かして誘った後は、ナチュラルドリフトで流す。この誘いは白泡のある落ち込みポイントで有効である。白泡の切れ目の下にいる魚は川底付近にいて、上層を流れる毛バリに気づかない場合が多い。そこで白泡の中で毛バリを動かして誘い、魚を引き出して食わせるわけだ。

ナチュラルドリフトの場合は、振り込んだ仕掛けを流れ任せにしていると、水の抵抗を受けたラインに毛バリが引っ張られて流れを切ってしまう。これを防ぐためには、上流に毛バリを振り込んだ後、ラ

滝壺では魚が見えなくても、何度も毛バリを打ち込んでいるとそのうちに魚が浮いてくることがある
淵尻にいる「番兵」イワナ。この魚が驚いて上流の淵に逃げ込むと淵全体の魚を警戒させてしまう
川の真ん中など、魚の死角からアプローチすると番兵イワナを散らさずにすむことが多い

流れ出しのアプローチ。川の真ん中下流側から、上流の流れ出しにいる番兵イワナを追い込まずに釣っているよい例

テンカラのアワセは、振り込みでサオを持ち上げるのと同じ動作でしっかりと合わせる

取り込みはラインをたぐって魚が弱ったところを手でつかむ

インの動きに合わせてサオを立てていけば、毛バリは流速と同調して流れてくる。浮く毛バリの場合は、なるべくラインを水に付けないようにポイントに打った後、極力ラインテンションが掛からないように毛バリを流れの中にキープすることが大切である。浮く毛バリは、水面で毛バリをチョンチョンと上下させて、飛翔する虫を演出するのも効果的だ。

アワセから取り込みまで

浮いた毛バリの場合、水面をバシャッと割って魚が出るのでアタリは分かりやすい。誘っている場合でも毛バリはそれほど沈まないので、水面近くで魚がキラリと光ったり、水面がモワッと膨れ上がるような反応が出る。一方、毛バリを完全に沈めてナチュラルドリフトさせている時のアタリはラインに出る。ラインが一瞬止まったり、引かれたりする。したがって釣りをしている最中の視線の目標は、毛バリそのもの、あるいはその周囲、ラインとなる。

アワセのタイミングは、ゆっくりが基本。たとえ浮いた毛バリに出た魚であっても、テンションが掛かっていなければガッチリくわえていくはずである。ヤマメでもイワナでも、アタリがあったら一呼吸置くくらいの感じで合わせるとよいだろう。毛バリを沈めている時も、ラインがスッと動いたら一瞬待って合わせたほうが掛かりがよい。

アワセの方法は、毛バリを次のキャストのためにピックアップする時と同様のイメージで、ラインを跳ね上げるようにサオを立てる。あまりにも激しすぎるアワセはトラブルの元だ。また、水面下に毛バリを沈めていても、バシャッと跳ねるようなアタリは毛バリをしっかりくわえていない場合が多い。これでアワセが決まらなくても、アワセが遅いと思わないこと。この場合、流し方が魚に合っていなかったと判断してよいだろう。

アワセが決まって魚が掛かったら、サオの弾力を利用してテンションを緩めず、かつ無理やり引かないようにして徐々に寄せてくる。足元近くまで来たらサオを後ろに思い切り引いてラインをつかみ、たぐって魚を寄せる。リーダーハリスが細い場合は、タモ網で確実に取り込もう。太い場合は、手を水に浸けて冷やし、魚の腹をなでながら握るようにして取り込む。魚が大きくて流れに持っていかれるような時は、自分も下流に下がり、取り込みやすい位置まで移動する。上流で掛けた場合も、流れの中を自分に向かって泳がせるようにしながら寄せてくるとバラシのトラブルが少なくなる。

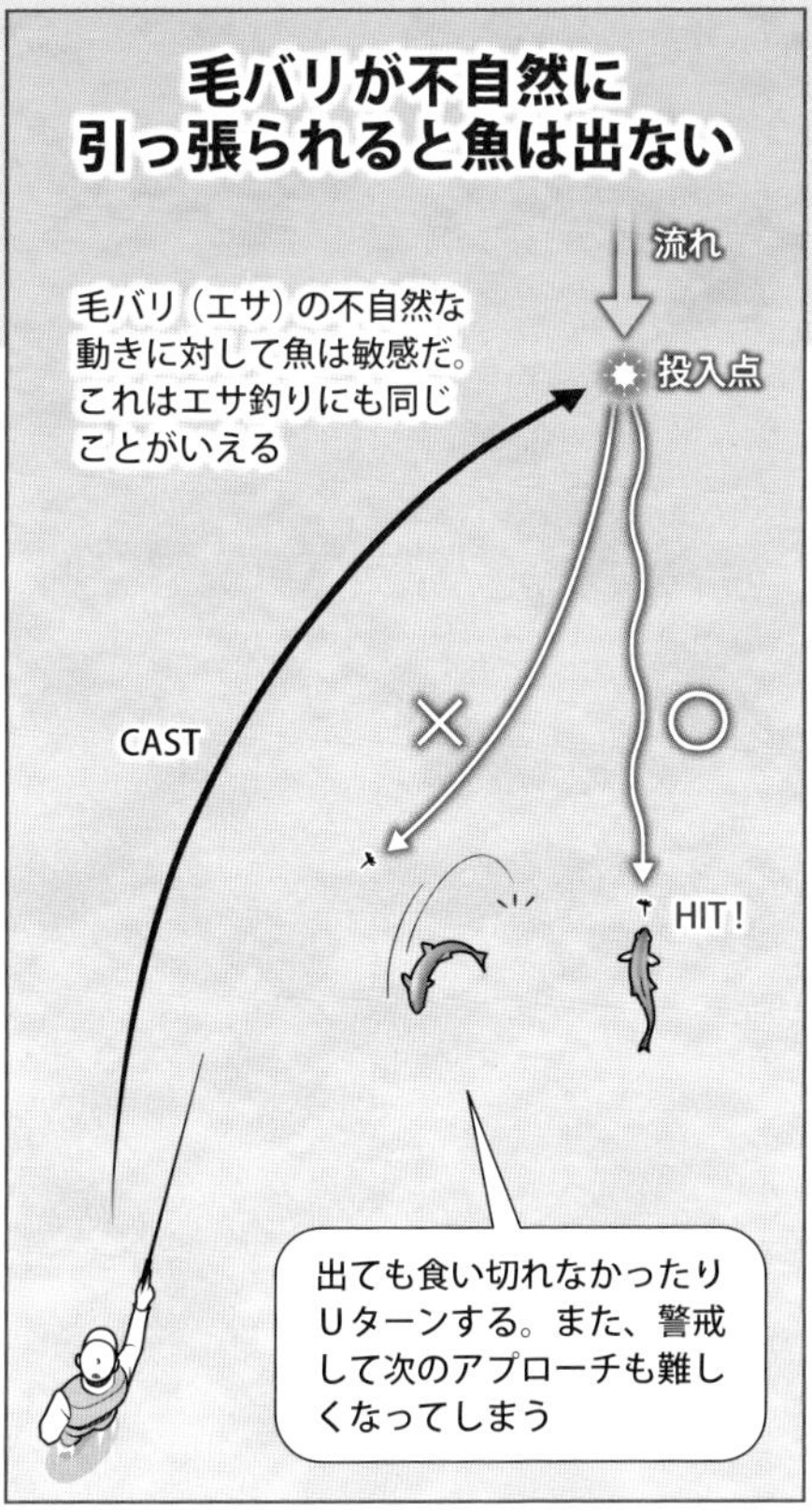
毛バリが不自然に
引っ張られると魚は出ない
流れ
毛バリ（エサ）の不自然な
動きに対して魚は敏感だ。
これはエサ釣りにも同じ
ことがいえる
投入点
CAST
×
○
HIT !
出ても食い切れなかったり
Uターンする。また、警戒
して次のアプローチも難し
くなってしまう

流れの遅い静かなトロを釣る時は不用意な接近やラインで水面を打ったりして魚を脅かさないように注意。水面付近に魚が浮いていることもあるが、決して焦らないこと

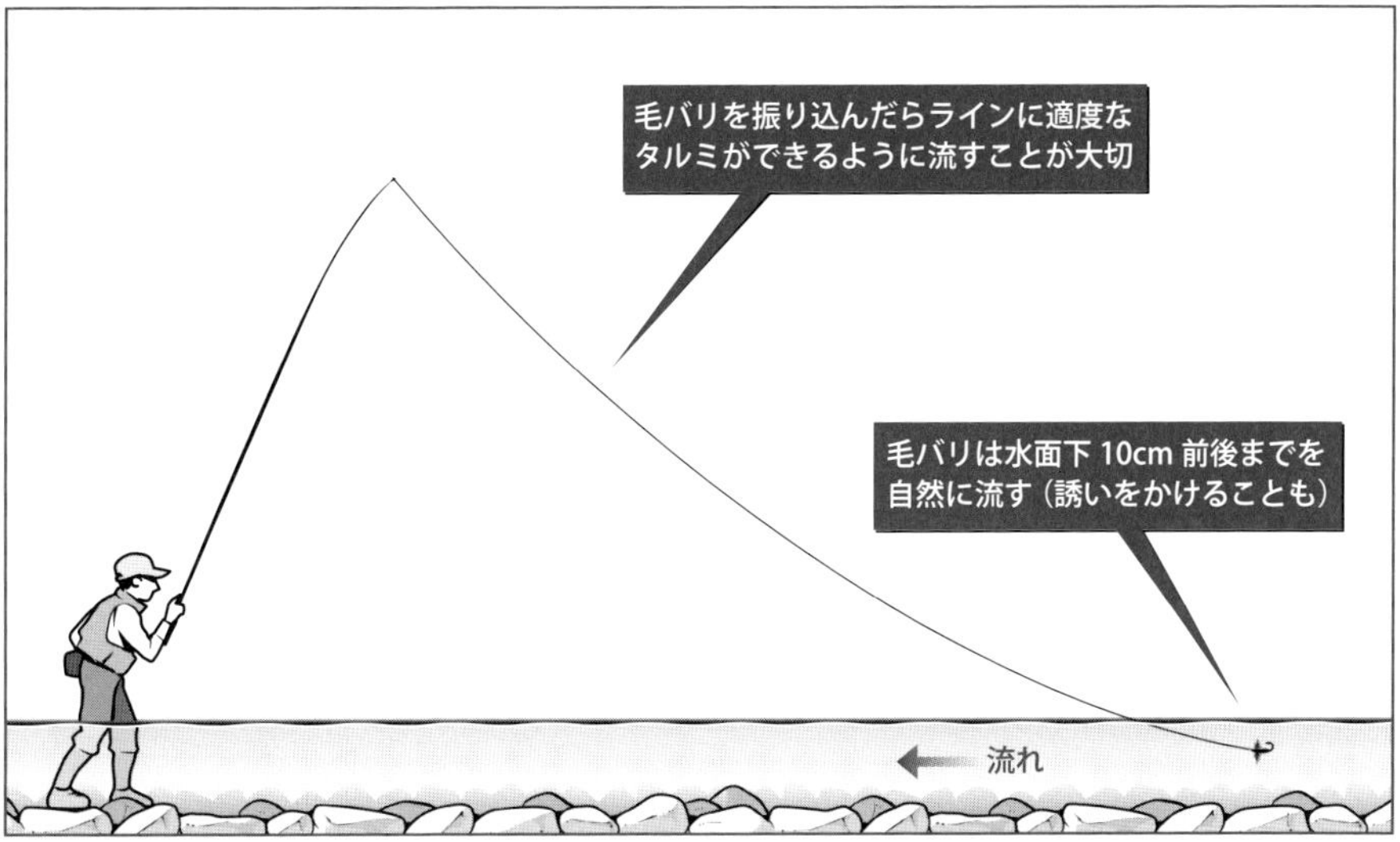
毛バリを振り込んだらラインに適度な
タルミができるように流すことが大切
毛バリは水面下 10cm 前後までを
自然に流す（誘いをかけることも）
流れ

毛バリを作ってみよう

自分で作った毛バリでテンカラ釣りをするのはとても楽しい。特に、最初の１尾を掛けた時は格別にうれしいものだ。フライフィッシングの道具を使えば、簡単にマイ毛バリを作ることが可能だ。テンカラ釣りの毛バリにルールなんてない。自分が作り出すイメージで、どんどん巻いていけばいい。たくさん巻くことで作るスピードも早くなるし、美しく巻けるようにもなる。そうなるといろいろなタイプの毛バリを巻いてみたくなる。その毛バリの良し悪しはフィールドが教えてくれる。

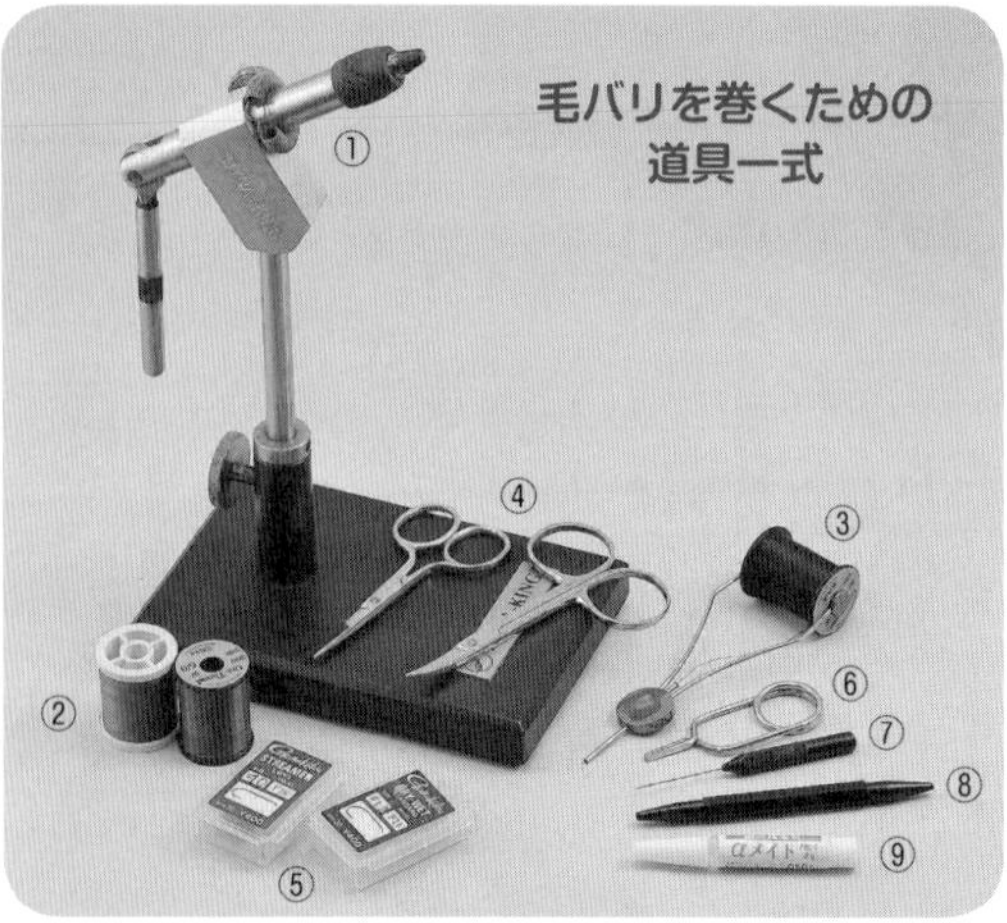
毛バリを巻くための
道具一式
①
②
③
④
⑤
⑥
⑦
⑧
⑨

①バイス：ハリを固定する万力。棒状の先端側に割れ目があり、ハリを挟んで固定する構造になっている。台座付きのしっかりしたものなら安価な製品でも充分に使える
②スレッド（ボビン）：毛バリ巻きの糸。黒、白、深緑、茶色が一般的によく使われる。6/0という太さが使いやすい。ボビンホルダーにセットして使用する
③ボビンホルダー：スレッドのボビンをバネで挟み込み、先端のチューブからスレッドを出して調整できる便利なアイテム。巻いている途中でぶら下げておくことが出来る
④ハサミ：フライ専用のシャープな切れ味で刃が薄く小型のものが使いやすい。先端がカーブしているタイプとストレートタイプの２つを使い分ける
⑤ハリ：自分でアイを取り付けるならマスバリやイワナバリの８号前後を使う。フライ用のハリは環付きで軸が長く巻きやすい。また太軸と細軸タイプがあり、太軸は速く沈む
⑥ハックルプライヤー：鳥の毛を挟んで巻くプライヤー。後部の輪に指を入れてクルクル巻いていく。ハックルを容易に巻くための必須アイテム
⑦ニードル：ヘッドセメントを滴下する時や、ボディーの毛を巻いた後の調整に使う
⑧ハーフヒッチャー：毛バリをアイ側で仕上げる時にスレッドをハーフヒッチ結びで止める。その際に簡単にハーフヒッチ結びが出来るアイテム。金属棒に穴が空いているだけの簡単な構造
⑨瞬間接着剤：スレッドの結び目の解け防止に。フライ用のヘッドセメントでもOK

ハックル、ボディーのマテリアル
①
②
③
ウイリー

①化学繊維のボディー材：フライ専門店ではさまざまな化学繊維のマテリアルを売っている。キラキラした緑の化学繊維はコガネムシなどの体を思わせるボディー材となる。隣のウイリーも輝きを持つ陸生昆虫の体を表現するのに便利
②ハックル材４種：真ん中の３種類はともにオスの鶏の羽根。黒いブラックコックハックルと斑文様のグリズリーコックはハックルの定番。左のバラの毛はメスのキジの胸の羽根毛で、逆さ毛バリで最もよく使われる。キジが手に入らない時はパートリッジ（ウズラ）で代用できる。テンカラ釣りではハックルの動きで魚を誘うことが多い。ハックルの動きをよくするにはオスの毛（コック）ではなく、メスの毛（ヘン）が柔らかく使いやすい
③天然素材のボディー材：クジャクのオスの羽根毛はコガネムシの背中のような金属光沢的な質感を演出をしてくれる。右の袋は、スレッドに繊維を撚りつけて（ダビング）使うための化繊ボディー材。シルクなども白い胴を演出するのによく使われる素材だ

逆さ毛バリを巻いてみよう

逆さ毛バリは和式毛バリの原型となるものだ。ハックルはオスのキジの胸の羽根毛、ボディーはゼンマイの綿毛が基本形。前者はパートリッジ(ウズラ) の羽根毛で代用できる。逆さ毛バリは、柔らかいハックルがラインを引くことで水中でフワフワと動いて魚を誘う。その特徴を生かすようにハックルは気をつけて巻こう

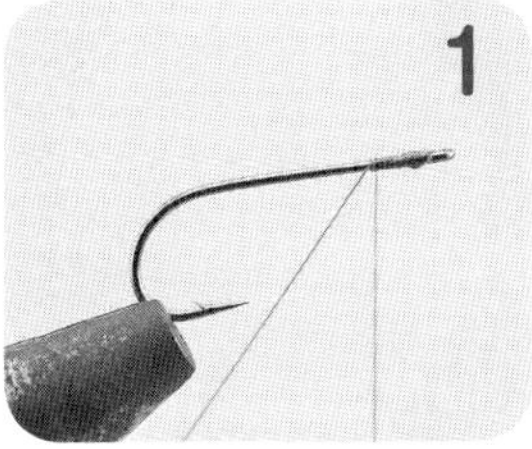

ハリ(TMC101の12番) をバイスに固定し、軸にスレッド(色はハックルに合わせる) をかけて下巻きする。

キジのオスの羽根毛(パートリッジでも可) は下部の柔らかい羽毛を指でむしり、ハックルになる部分を立てる

写真のように先端側をハリの軸に添えてスレッドを巻きつけ固定する

ハックルプライヤーで羽根毛の軸を挟み、ハリに対して時計回りに羽根毛を巻きつける

羽根毛を3回転巻きつけたらスレッドを付け根に巻いてしっかり固定する

ボディー材を少しずつ千切ってスレッドに撚り付ける。付けすぎに注意。足りなければ後から足せる

前から後ろに胴を巻く。凸凹にならないように、また後ろにいくほど細くなるように巻くときれいに出来る

スレッドで大きな輪を作り、毛バリを中に通して後ろの部分で結びとめる。2回行なうと解けにくい

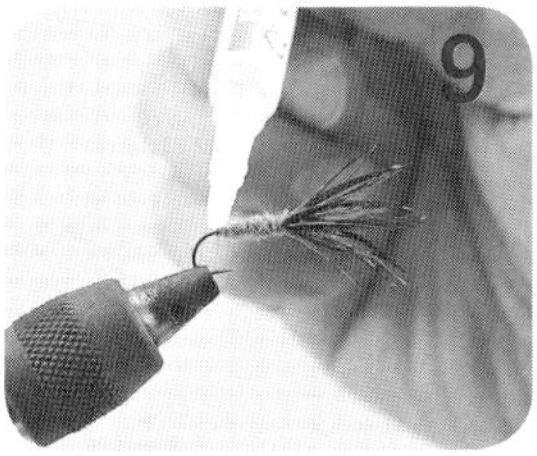

スレッドを切ったら結び目に瞬間接着剤を垂らして完成(上段写真)

事故の回避と源流の危険な生物たち

事故は油断が引き起こす

源流の遭難で多いのが滑落である。滑落は意外にもつまらない場所で起きることが多い。そこには油断がある。高巻の最中は、木につかまったり必死なので落ちることはほとんどない。休む時に滑落が起きる。懸垂下降の直前も油断しやすい。滑落を防ぐには、休む時や懸垂下降する前に、必ずセルフビレイを取ることである。

体力や技術が伴っていない人も危ない。源流で最終的に必要なのは体力である。日常的にジョギングや山登りをしておけばある程度の体力は身につくはずだ。シーズンオフから体力作りを心掛けておくことで源流釣行は快適になるだろう。

行動中の飲酒による事故もある。昼食時に気持ちがよいからと飲みだし、酔いが回って転んでしまう人もいる。険しくない場所でも足を捻挫したり、頭を打ったりすればば相当なダメージである。行動中の飲酒は控えたい。寝不足も事故の要因だ。寝不足気味の時は行動時間を短くして無理をしないようにしたい。いずれにしても、充分な体力と技術を備え、余裕のある行動時間と、ゆとりのある気持ちで源流釣りに行けば事故はおのずと回避できるはずである。

危険な生き物たち

多くの人にとって源流釣りシーズンに休みが取れるのはお盆時期。緑濃い山を流れる渓流。青空には白い夏の雲が湧き上がり、気持ちのよい釣りを満喫して……と想像を豊かにしているところで申し訳ないが、現実はうまくいかない。

7月後半からお盆にかけて、東北や北陸ではメジロアブが大発生する。コイツが、川でも森でも執拗に人間にまとわりつく。刺されるとチクリと痛い。メジロアブが多い場所では人のシルエットがアブに囲まれてぼやけて見えるほどだ。だが、慣れてしまえば案外付き合える。

対策としてはまず車のエンジンをすぐに切る。排気ガスで集まってくるからだ。それから時間をおいて車から出る。激しい動きはしない。息が多く出れば出るほど寄ってくる。アブにたかられる程度には個人差があるが、一説によると血を吸うのはすべてメスのメジロアブで、男性フェロモンが多い人にはたくさん集まるとか。昆虫の発生は自然の営みとあきらめ、防虫ネットに長袖シャツなどで対処したい。

メジロアブの行動時間は日の出前から日没直後まで。しかし日没から夜明けまでは蚊が発生する。蚊対策には虫除けスプレーを塗る、蚊取り線香を焚く、薄着をしない、蚊帳を張る、シュラフに完全に潜るなどがある。焚火周りにいる時は露出部分を少なくして防虫スプレーを塗る。靴下も忘れずに履く。

寝る時は防虫ネットを被る人も多いが、慣れないと狭苦しくて眠れたものではない。蚊の多い場所でおすすめなのが1人用の蚊帳。頭部分に傘で空間を作るようにしてスッポリとシュラフごと入れる。タープの下に大きな蚊帳を吊る人もいる。

ほかにもブユ（アブと同じ時間に発生するが、山の中や湿地帯で多い。噛まれた個所が数日経ってからかゆくなるやっかいもの。人によってはひどく腫れたり発熱を伴う。メジロアブの3分の1の大きさ)、ヌカカ(ブユの半分くらいの大きさしかなく、髪の毛の中に入って刺すのでたまらない)、ダニ（クマザサなどのヤブにいて、口の先端を皮膚に突き刺して血を吸う。身体に覚えのないイボができたら、ダニの可能性が高い。病院で取ってもらう)、ヒル（生息場所は限られているが、最近広がっている。血を吸われた部分は、血が止まらなくなる。キンカンを付けるとコロリと落ちる）など血を吸う虫は多い。

マムシとクマ

毒蛇として恐れられるマムシだが、一方的に人間に攻撃してくることはないので、噛まれたら運が悪いとしかいいようがない。もちろん足元はしっかりとサポートしておく必要がある。また南側の斜面などで地面や岩に手を置く場合は周囲をよく見る。

本州ではツキノワグマも怖い存在だが、人間よりもクマのほうが怖がっているのだ。ほとんどの場合、子連れでなければ出会っても向こうから逃げていく。ただ突然のバッティングだけは避けたい。獣の匂いを感じたら自分の存在をアピールすること。

厄介な生き物も危険な動物も、彼らにしてみれば人間のほうが部外者である。源流に行く釣り人はそのことを謙虚に受け止めて行動したい。

アブ対策には防虫ネットが有効

ズボンにまとわつくメジロアブ。これはまだ少ないほうだ

就寝時は小さな蚊帳があると便利

ヤマビルは生息地域が比較的はっきりしているので事前に情報を調べておきたい

マムシ。一方的に噛まれることはまずないが気付かずに近づくと危険

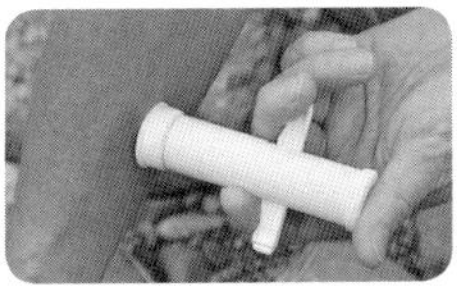
万が一、マムシに噛まれたり、スズメバチに刺された時のために毒を吸いだせるポイズンリムーバーがあると心強い

【実例】源流での危機一髪と回避の心得

増水

源流に長年行っていると、「あれはヤバかった」とか、「死ぬかと思った」という状況に結構出くわす。こうして今原稿を書いているのだから、その時はなんとかなったわけだが、自然が相手の源流釣りでは、少しの気の緩みや油断で命を落としかねない。しかし、実際には目の前に危機的状況が現われない限り、あまり意識せずに過ごしてしまいがちだ。

源流で常につきまとう危険要素は天候悪化と増水。この2つは避けて通れない課題でもある。それこそが自然だからだ。

私の飯豊の沢での体験を紹介しよう。

林道のゲートに車を停めて長い林道を歩いての入渓だった。8月に入ったばかりで林道はアブだらけ。3時間の道のりをヒィヒィいいながら歩いた。6人の大所帯である。取水堤から入渓すると先はゴルジュの連続だった。小滝を巻いたり泳いだりしながら上流を目差した。午後は幕場を意識して歩いたが、ゴルジュ帯でよさそうな高台が見つからない。この先は両側が狭くなった廊下の泳ぎと滝があるのが分かっていたので、なんとかその前に幕場を見つけようと思っていた。しかし6人分のスペースを見つけられるか不安だった。

川が右カーブしている地点に、少し砂利が高くなっている場所があった。本来ならもっと上の段に泊まりたいが、その上は岩盤で湿気があり、寝るにはつらそうだ。そこで増水したら上に逃げると決め、砂利の一番高い所にタープを張った。

薪を集め、寝る準備ができたので釣りに出た。滝まで釣りをしてサイズは今一つだったが、そこそこ数が出て満足し幕場に戻った。

夕食の準備をしているといきなり暗雲が立ち込め、雷とともに雨が降りだした。かなり大粒の雨がしばらく降ったので、増水したら逃げる態勢でいた。雨は小一時間降り続いたが川はほとんど増水しなかった。飯豊の沢といえばすぐに増水というイメージが強かったのだが、夕立で増水しなかったことでこの時、「なーんだ、この川は増水しないんだな」という安心感を自分の中に植え付けてしまったのだ。

翌日は朝から快晴で絶好の源流釣り日和である。幕場をベースに魚止日帰りコースと決めていたので、荷物はそのままにして、必要な食糧と釣り具だけ持って出かけた。釣り具をほかの人に背負ってもらい手ぶら状態の人もいた。

晴れていても真っ暗なゴルジュを泳ぎで突破し、滝を越えて魚止を目差した。途中で40㎝近いサイズのイワナを2尾釣り、魚止滝に期待がかかっていた矢先のことだった。大淵にサオをだしていると、にわかに上空が暗くなり閃光が走った。すぐ近くに雷が落ちているようだった。サオを持っていた人は放り投げた。そのサオが滝壺に向かって泳いでいる。あわてて回収に走ると、なんとイワナが掛かっていた。その瞬間から凄まじい雨と雷が6人を襲った。

しばらくは壁に張り付いて雨をしのいでいたが、下降することに決めて走り出した。雨で水面に飛沫が立ち、底石がよく見えない。それでも必死で下った。淵を泳ぎ切り、次の流れに足を入れようとして「葉っぱが水の中に多くなったな」と思い振り返ると、泳ぎの苦手な人が一所懸命泳いでいる。その後ろで左カーブしているゴルジュに何気なく視線を送った瞬間、身体が凍りついた。カーブの出口から真っ黒な水が、1m近い高さで迫ってきたのである。皆必死で泳いだ。アンカーのリーダーが泳ぎの下手な人の首根っこをつかんでゴルジュを泳ぎ切り、高台に走る。そして最後のメンバーが高台に上がった瞬間、怒涛《どとう》の大水が通り抜けていった。まさに危機一髪であった。

　水はさらに増水し、ゴルジュは泥水でいっぱいになっていた。高い所まで上がり、山の斜面をヘツって幕場の対岸までなんとか暗くなる前にたどり着いた。目の前はまだ泥水だったが、確かそこは泳いでいた場所だから深いはず。幕場はカーブの向こう側だ。そこまで行けばロープがある。1人を泳がせた。無事対岸に泳ぎ着いた彼がカーブに消えた。しかし、しばらく戻ってこない。やっと戻ってきたと思ったら、手には細引きしか持っていない。

「ロープだよ、ロープ!」リーダーが叫ぶ。しかし返ってきた答えは「ないです!」。「幕場は?」皆が一斉に聞いた。「何もないんです!」無情な返答だった。

　幕場に置いてきたほとんどの物が、ことごとく流されていた。残ったのは持っていった行動食と、釣った魚だ。薪を集めて火をつけ、魚を焼いて腹の足しにした。火があることで心細さは感じなかったが、切なかった。着替えや寝具はないのでそのまま焚火の周りで一夜を過ごした。

　翌日、川は何事もなかったように平水になっていた。流れを覗くと、前日の朝に米を炊いたビリーカンに石を入れて沈めておいたのが、そのまま川底に残っていた。流された物を回収しながら下り、シュラフやシュラフカバー、着替えなどかなりの物を回収できたが、ザック2つを見つけること

源流釣りではどこでも事故が起きる可能性がある。特に緊張する前やその直後は気をつけたい

は出来なかった。

自然が引き起こす雨による増水への対処は、まず幕場を高い所に設けることだ。高くてもガレ場の下は土砂崩れの恐れがある。木のある森の中が理想だ。しかし森の中は蚊やブヨが多く、湿気ていて嫌だという人が多い。確かに天候さえ安定していれば河原は気持ちのよい幕場になるだろう…などといって、何度か寝ている間に増水して移動した経験があるので、やはり最初から森の中の高い場所に幕場を設けたほうが身のためである。

ベースを張って釣りする場合、少しでも雨の気配を感じたら、速やかにベースまで戻ること。「雨が降ってきたら釣れる」なんて思っていると、源流では命取りになりかねないのだ。いつかの東北の沢では、30分の豪雨で一気に1mも増水した。この時も、雨が降り出したのですぐに下って森の中に入り難を逃れた。いずれにしても源流での心得は、思い込みをなくして、自分が常に死と隣り合わせにいることを肝に銘じておく。そして、大胆かつ慎重な行動を心掛けることである。

落石

増水が自然に起こるアクシデントなら、人災によるアクシデントの筆頭は、落石だ。源流では滝の巻きやルンゼの下降の際によく落石が起きていると思う。事故が起きないのは、偶然それが人に当たっていないだけである。上から人が落ちてきて、一緒に落ちて死んでしまうという事例は多い。

落石は、それが大石なら当たったらまずひとたまりもない。しかし大石を落とすということは滅多にない。誤って落としてしまうのは拳大くらいの石が多い。ところがこれが当たるとかなりのダメージになる。

長野の沢に入った時のことだ。大滝の巻きで、急なガレのルンゼを登らなければならなかった。メンバーは4人。先頭に続いて3人が後に付いたが、2番目が先頭から遅れた。先頭は離れたことを意識しないで登っていた。かなり距離が離れたところで、先頭が誤って拳大の大きさの石を落とした。しかし石を落としたことに気が付かず、落石コールをしなかった。「カーンッ」と甲高い音がして、上を見た瞬間、4番目を登っていた私の顔に石が直撃！ 目の前が真っ白になり、手を離しそうになったがなんとか堪えた。

衝撃の痛みが顔中に広がっていく。口の中が切れたらしく、ぬるぬるしていたので舌でなめようとすると、下の前歯2本がグラグラと動いた。歯が欠けたのではなく、倒されたようで、なんとか根元だけで引っ掛かってぶら下がっている状態だった。

ここで止まっていてもしようがないので、痛みに耐えながら遡行を続けた。もう釣りどころではない。口はアヒルのように膨れあがり、その晩は痛みが激しくてほとんど寝付けなかった。2日間かけて山を越え下山した。すぐに歯医者に行くと針金で固定してくれた。しかし、いやはやあの時の衝撃で手を離していたらと思うと、今でも背筋がゾッとする。

人災は、多くの場合は気をつけることでなんとか回避できるものだ。高さのないルンゼを登る時や下降する時は、1人ずつ行なうことで、行動者以外は落石の来ない場所にいられるので回避しやすい。長いルンゼやガレ場の登下降の時は、一人一人の間隔を空けないようにそれぞれが注意して行動する。そうすることで、たとえ落石を起こしても距離が短いぶん、ダメージを最小限に抑えることができる。ただ、それが分かっていても現実にはこのような事態が起きるのだから、一緒に行くグループ内のコミュニケーションはとても大切なのだ。

エスケープ

エスケープにはいつも頭を悩ませる。エスケープするということは、どうにもならなくなった状況で、そこから脱出するということなのだ。エスケープするケースのほとんどは、雨による川の増水が続いて予備日まで使ってしまい、下山遅延しそうな時である。重要なことは、「しそうな時」というところだ。遅延している状態でのエスケープでは意味がない。それだけに判断がとても大切になる。

雨が続くことは、入渓前からある程度分かるだろう。それでも天気予報は絶対ではない。まして夏の長期予報なんてあてにならない。特に山の天気は下界と違うので、予報は予報でしかないのだ。

ある年の夏、北アルプスの沢の完全遡行の予定を立てた。富山県の週間予報は悪くなかったので入渓した。雨後の晴れだったが水が多くて大変だった。それでもなんとか最初の目的地に着いた。河原の高台に幕場を設けたのだが、その河原は毛虫だらけの最悪な幕場だった。この時は対岸の河原に移動して毛虫から逃げることはできた。

翌日、目を覚ますと空が黒い雲に覆われていた。山側では雷が鳴っている。ラジオのスイッチを入れて富山の天気予報に耳を傾ける。富山市街は天気がいいといっているが、大気が不安定で突然の雷注意報が出ていた。山ではとっくに雷が発生しているのだ。しかもこの状態が何日も続くという。このまま雷雨による増水を繰り返すのでは、ここにいても意味がないと決断した。しかし、すでに増水している川を下るわけにもいかず、エスケープルートを見つけることにした。

エスケープする時に、なくてはならないものがある。それは地図とコンパスだ。この2点を忘れて来たら、エスケープするのはほとんど不可能に近い。地図を広げて、なんとか入渓点に戻れるルートを模索した。すると、河原に面した山を1つ越えれば作業道があることに気付いた。これこそエスケープルートである。標高差は約250m、斜度は急だがなんとかなりそうだ。

もしも前日、最初の幕場に毛虫がいなくて対岸にいたら、エスケープするには山に登って尾根伝いに延々と歩かなければならなかっただろう。不幸中の幸いとはこのことである。土砂降りの雨の中、幕場を撤収して斜面に取りつく。ところが、今度はアクシデントが起こった。メンバーの1人が地面の下に巣を作っていたスズメバチに刺されたのだ。本人はかなりショックを受けていた。しばらく休憩して落ち着かせ、毒を吸うためのポイズンリムーバーを使った。

少し回復したメンバーと一緒に山を越え、無事作業道にたどり着くことができた。5泊6日の計画を1泊でエスケープしたが、天候が不安定な状況が続けば毎日ビクビクしながら遡行しなければならず、きっと、もっと大変なことになっていたに違いない。早めの決断と確かなエスケープルートが身を守るのである。

おすすめ源流図鑑

★は遡行技術レベル　（5段階評価）
一般的な渓流釣り経験者で★〜★★が目安。
★★★以上の渓は力量のある経験者の同伴が不可欠。

北アルプス／黒部川　上ノ廊下
★★★★

圧倒的なスケール感。澄んだ緑色の流れにイワナが群れ、遡行するだけで楽しい。大滝はないが水量豊富で流れは強く、巨大ゴルジュが行く手を阻む。下山ルートは薬師沢小屋〜太郎平経由で折立。あるいは黒部源流まで詰め、竹村新道から高瀬ダム。

●釣行適期　8月上旬〜9月末。
●アドバイス　奥黒部ヒュッテから入渓するとエスケープしにくいルートなので予備日を2日以上みておきたい。
●泊まり目安　沢中3泊4日＋小屋泊1の4泊5日＋予備日2日。

北アルプス／熊野川
★★

熊野川は神通川の支流。富山市街地を抜けた所で分流する。下流の取水堤から入渓する。下流部は滝が多い。熊野川上流部の河畔林はトチやミズナラ、ブナといった広葉樹が主体で、どちらかというと穏やか。とても美しい渓相をしている。熊野川は源頭部付近までイワナがいる。

●釣行適期　7月上旬〜9月末。
●アドバイス　悪い滝やゴルジュはないが補助ロープ20 mを携行すると心強い。
●泊まりの目安　沢中1泊2日の往復コース。

北アルプス／黒薙川　北又谷

★★★★★

黒薙川は柳又谷と北又谷に分かれ、北又谷は女性的だが遡行レベルは5級で、滝とゴルジュの連続。最源流部の魚止までイワナが多く釣りを楽しめる。下山ルートは犬ヶ岳から栂海新道で親不知あるいは黒岩谷から小滝林道で姫川へ下る。

●釣行適期　8月上旬～9月末。

●アドバイス　入渓ルートは山越えで北又ダムの上流へ。滝やゴルジュが多く慎重な判断を。特に3段滝の巻きは注意が必要。

●泊まりの目安　沢中3泊4日＋小屋泊1の4泊5日＋予備日1～2日。

南アルプス／大井川　赤石沢

★★★★

3大名渓といわれた赤石沢も取水堤ができて下流部の水量が減ったが、下部ゴルジュ、二エ淵の景観は圧巻。高山に突き上げる沢はヤマトイワナの宝庫。下山ルートは百間洞を詰め赤石岳を回り椹島へ下る。

●釣行適期　7月中旬～9月末。

●アドバイス　下流のゴルジュは積極的に泳ぎで突破。急なゴーロ帯はルートファインディングを確実に。赤石岳回りで戻るので体力も必要。

●泊まりの目安　沢中2泊3日＋小屋泊1の3泊4日＋予備日1日。

南アルプス／大井川　信濃《しなの》俣河内《またがっち》

★★★

上流部の崩壊が進み土砂の堆積が著しいが、下流部はアマゴ、上流部はヤマトイワナのはずなのだが、最近はニッコウイワナも見る。上流のゴルジュ帯は深く美しい。詰め上がる場合は茶臼岳から畑薙湖へ下る。

●釣行適期　7月上旬～9月末。

●アドバイス　畑薙湖に掛かる吊り橋はほとんど崩壊しているが、林道跡も崩壊しているので入渓するのに苦労する。中流部のゴルジュは手強く時間がかかる。

●泊まりの目安　往復ルートなら沢中2泊3日、抜けるなら3泊4日。

奥多摩／日原川　大雲取谷

★★

大雲取谷は日原川の源流で東京都の最高峰である雲取山に詰め上がる。大雲取谷は、途中から登山道と並行するが、人家もなくゴルジュや小滝が連続し、源流ムードはタップリである。大ダワ林道から下って合流点から入渓するのが一般的。

●釣行適期　4月初旬～9月末

●アドバイス　上流部は登山道からの入渓者が多い。雲取山への登山道は崩壊しているので注意。特に難しい場所はない。

●泊まりの目安　日帰り釣行も可能だが、のんびり釣るなら1泊2日。

奥志賀／中津川　魚野川

★★★

豪雪地帯、秋山郷の奥を流れ、岩盤の美しいナメ状の滝が多く見られる。滝壷はイワナの溜まり場となり、1個所で数尾釣れることも。昔から入渓者が多いこの沢は人の気配はするものの、森と滝と流れといった渓相のバランスが取れたよい沢である。

●釣行適期　7月上旬～9月末。

●アドバイス　特に登攀道具を利用する場所はないが、徒渉用、雪渓処理用に20mロープがあると心強い。登山道が回っているので途中のエスケープルートは多い。

●泊まりの目安　沢中2泊3日。

丹沢／酒匂川　檜洞沢

★★

丹沢の奥まで入り込む玄倉川の源流部。ヤマメの生息域が広い丹沢で、檜洞沢はイワナの沢。最源流は苔むす石とブナの森を流れる。数年前の大雨で荒れ気味だが、都心近郊で源流釣りができる貴重な場所。

●釣行適期　4月上旬～10月14日。

●アドバイス　崩壊していた林道も整備されて通行できるようになった。丹沢は小屋以外の幕営が禁止されている。

●泊まりの目安　日帰り釣行も可能だが、のんびり釣るなら1泊2日。

下田／笠堀川
大川&光来《こうらい》出《で》沢
★★★

笠掘ダムに流れ込む両川はバックウオーターの上で分岐する。大川は長い泳ぎのゴルジュが連続し、ゴルジュの中ではほぼ釣りにならない。冷たいゴルジュを抜けるとイワナ釣り天国の河原が待っている。光来出沢は小滝の多い谷で、下部のゴルジュを踏跡で巻けば釣りながら遡行を楽しめる。
●釣行適期　7月上旬～9月。
●アドバイス　両川とも登攀具一式とロープ30 mは必携。夏はメジロアブが大発生する。雨が降ると増水が早いので注意が必要。
●泊まりの目安　沢中2泊3日

写真は光来出沢

河内下田／早出川　今早出沢
★★★

奥が深く、すさまじいほどのゴルジュとスラブの山が連なる渓。下から早出川を遡行して行くのもいいが、室谷からの山越えルートが今早出沢への近道。ひと雨降れば大増水するのにイワナは多い。大スラブのガンガラシバナは源流マンの憧れの地だ。
●釣行適期　7月上旬～9月末
●アドバイス　山越えルートは、室谷側の途中の道が消えかけているので滝の巻きだけ注意すれば、沢沿いに歩いたほうが早い。増水が早いので雨天の行動は控えたい。
●泊まりの目安　沢中2泊3日。

川内山塊　杉川
青里岳に端を発する杉川はゴルジュが延々と続く。V字谷の奥底を流れる川への入渓は、かつての鉱山道として付けられた道をたどる。徒渉点から入渓するが、ゴルジュが延々と続く。魚影は多いが、幕場は左岸の鉱山道跡まで登ったほうがよい。
●釣行適期　7月上旬～9月末。
●アドバイス　杉川一帯はヤマビルの生息地。鉱山道跡にも多いが、徒渉点を過ぎるといなくなる。夏の盛期はメジロアブも多い。登攀道具一式は必携。
●泊まりの目安　沢中2泊3日。

丸山　剛（まるやま　つよし）

1962年生まれ、神奈川県厚木市在住。写真家。

別冊つり人『渓流』の源流カメラマン募集が写真家となるきっかけになり、今年で27年目を迎える。2011年『日本尺名渓』（つり人社）を上梓。また、海のボート釣りが大好きだったことが高じて同年、『ボート釣りがある日突然上手くなる』（つり人社）も著わした。

山岳写真も得意とし、山雑誌等に記事を執筆中。現在は、海岸線時計回り日本一周自転車ツーリングを目差して年数回の自転車旅も楽しんでいる。

ひょいっと源流釣《げんりゅうつ》り

2015年7月1日発行

著　者　丸山　剛
発行者　鈴木康友
発行所　株式会社つり人社

〒101－8408　東京都千代田区神田神保町1－30－13
TEL 03－3294－0781（営業部）
TEL 03－3294－0766（編集部）
振替 00110－7－70582
印刷・製本　図書印刷株式会社

乱丁、落丁などありましたらお取り替えいたします。

ISBN978-4-86447-078-0　C2075
つり人社ホームページ　http://tsuribito.co.jp/